쉽고 재미있는

패션 일본어

정승일 저
하라키타카노리 감수

경춘사

쉽고 재미있는
패션일본어

지은이 정승일
발행인 안중기
발행처 도서출판 경춘사
등록번호 제10-153-(1987.11.28)

인 쇄 2008년 9월 1일
발 행 2008년 9월 15일

서울 특별시 마포구 공덕 1동 117-25
경춘빌딩 101호

전화 716-2502,714-5246
팩스 704-0688

값 8,000원

ISDN 978-89-5895-053-0 10730

머리말

동대문상권에는 3만2천여개의 점포가 모여 있으며, 하루 50만명이 모이는 국내 최대 유동인구와 편리한 교통을 자랑하고 있는 곳 입니다. 이렇게 좋은 여건 속에서도 상가의 공급과잉과 불경기로 예전같이 상인들의 표정이 밝지 않습니다.

매년 세계 여러 나라에서 서울을 찾아오는 200만명이 넘는 관광객의 53%가 들러서 쇼핑을 즐기고 가는 세계적인 명소이기도 합니다. 따라서 불경기를 타개하기 위해서는 외국인들이 품질 좋은 물건을 언어소통의 불편이 없이 많이 사갈 수 있는 환경을 만들어야 합니다.

그러나 아직까지도 그들에게 물건을 팔 때 언어장벽의 불편을 덜어줄 수 있는 상인들을 위한 전문외국어교본이 단 한 권도 나와 있지 않음을 안타깝게 생각하여 이번에 일본어, 중국어, 영어만이라도 만들어 보자는 순수한 마음으로 우선 일본어교본을 집필해 보았습니다.

이 교본을 실점포 뿐만 아니라 인터넷으로도 활용하여 일본인들이 가게에서나 인터넷 쇼핑몰에서나 불편 없이 물건을 사갈 수 있다면 큰 보람으로 여길 수 있으며, 상권활성화에 조금이나마 보탬이 되었으면 더 없는 기쁨이 되겠습니다.

계속해서 2010년에 완공되는 동대문월드디자인플라자 성공을 위해 패션중국어, 패션영어교본을 출판할 예정이므로 많은 성원을 부탁드립니다.

이 책은 상인여러분 뿐만 아니라 동대문상품으로 인터넷쇼핑몰을 운영하거나 희망하는 분, 고등학교, 대학교의 패션디자인, 웹디자인관련학과 학생들에게도 필요합니다.

많이 활용하여 일본비즈니스에 성공하시기 바랍니다.

2008년 7월 집필실에서
저자 정승일

목차

부록

제1과

인사 (어서 오십시오)

(1) 본문

バイヤ-:いらっしゃいませ。
바이야-: 이랏샤이마세.
販売社員:なに(何)をさが(探)していますか。
함바이샤잉: 나니오 사가시테 이마스카.
バイヤ-:あのデニムジャケットをみ(見)せてください。
바이야-: 아노 데니무 쟈켓토오 미세테 쿠다사이.
販売社員:わかりました。(=かしこまりました。)はい、どうぞ。
함바이샤잉: 와카리마시타. 카시코마리마시타. 하이, 도-조.
バイヤ-:これはいくらですか。
바이야-: 코레와 이쿠라데스카.
販売社員:5,000円です。
함바이샤잉: 고셍엔데스.

바이어 : 어서오십시오.
판매사원 : 무엇을 찾으십니까?
바이어 : 저 데님자켓(청자켓)을 보여주십시오.
판매사원 : 알았습니다. 네, 여기 있습니다.
바이어 : 이것은 얼마입니까?
판매사원 : 5,000엔입니다.

해설

いらっしゃいませ。: 어서 오십시오.
이랏샤이마세.

いらっしゃる(원형) : 계시다, 오시다, 가시다.
이랏샤루

예)キムさんいらっしゃいますか。
키무상 이랏샤이마스카.
김씨 계십니까?

いつこちらへいらっしゃいますか。
이츠 코치라에 이랏샤이마스카.
언제 이쪽에 오십니까?

いつ日本へいらっしゃいますか。
이츠 니홍에 이랏샤이마스카.
언제 일본에 가십니까?

~か:
~(니)까 라는 뜻으로 문장이 끝난 뒤에 붙이면 의문사가 된다.

~てください:
~테 쿠다사이
~해 주십시오 라는 뜻으로 가벼운 명령형이다.

わ(分)かりました。:
와카리마시타.
알았습니다, 알겠습니다. 원형 分かる(알다)
*같은 뜻의 정중한 말씨로 かしこまりました。
카시코마리마시타.
(알았습니다, 분부대로 하겠습니다.) 라그도 한다.

どうぞ:
도-조
부디, 자, 어서.
*영어의 PLEASE에 해당하는 뜻이며, 한국어로는 똑같은 마땅한 말이 없다.
~は: ~는, 은의 뜻으로 조사로 쓸 때는 '와' 로 읽는다.

(2) 반복하기

⇒何(なに)を～ 。: 무엇을~
나니오~

何を探していますか。: 무엇을 찾으십니까?
나니오사가시테 이마스카.

何をお探しですか。: 무엇을 찾으십니까?
나니오오사가시데스카.

何を探していますか。: 무엇을 찾고 계십니까?
나니오사가시테이마스카.

⇒～てください。: ~해 주십시오.
~테 쿠다사이.

買ってください。: 사 주십시오.
캍테 쿠다사이.

案内してください。: 안내해 주십시오.
안나이시테 쿠다사이.

おいてください。: 놓아 주십시오.
오이테 쿠다사이.

⇒はい、どうぞ。: 네, 여기 있습니다.
하이, 도-조.

はい、ここにあります。: 네, 여기 있습니다.
하이, 코코니아리마스.

はい、これです。: 네, 이것입니다.
하이, 코레데스.

はい、あれです。: 네, 저것입니다.
하이, 아레데스.

기타

1. 아침인사

おはよう。 おはようございます。---정중한 말씨
오하요-. 오하요- 고자이마스.

2. 낮인사

こんにちは。
콘니치와.

3. 저녁인사

こんばんは。
콤방와.

4. 헤어질 때

さようなら。안녕
사요-나라.

また、あした。내일 또 봐요
마타, 아시타.

きをつけてください。조심해 주십시오
키오 츠케테 쿠다사이.

5. 잠자기 전

おやすみなさい。잘 주무세요
오야스미나사이.

6. 고마울 때

ありがとうございます。감사합니다-
아리가토- 고자이마스.

おおきに: 감사합니다---오사카지방 사투리
오-키니

관련용어

きじ(生地) 키지: 원단, 옷감(テキスタイル TEXTILE)
테키스타이루

めん(綿) 멩:면(コットン 콘통COTTON)

スパン스팡:스판(SPUN)

け(毛) 케:모(ウ-ル 우루WOOL)

ふはく(布帛) 후하쿠:직물

ニット닡토:니트(KNIT)

だいまる(台丸) 다이마루: 환편

제2과

자기소개 (처음 뵙겠습니다)

(1) 본문

バイヤ-: はじめまして。
바이야-: 하지메마시테.
すずき(鈴木)です。
스즈키데스.
どうぞよろしく。
도-조 요로시쿠.
販売社員: はじめまして。
함바이샤잉: 하지메마시테.
キムソンヨンです。
키무송용데스.
どうぞよろしくおねがいします。
도-조 요로시쿠 오네가이시마스.

바이어 : 처음 뵙겠습니다. 스즈키입니다.
잘 부탁해요.
판매사원: 처음 뵙겠습니다. 김선영입니다.
부디 잘 부탁합니다.

해설

*가타가나: 외래어, 사람이름, 고유명사, 동식물이름 등은 가타가나로 쓴다.

(2) 반복하기

⇒～です。.
～데스.
しょうかい(紹介)します。
쇼-카이 시마스.
こちらはしゃちょうのキムです。
코치라와 샤쵸우노 키무데스
わたしはイヨンミです。
와타시와 이용미데스.
スズキさんはぶちょう(部長)です。
스즈키상와 부쵸-데스.

소개하겠습니다.
이쪽은 사장인 김입니다.
저는 이영미입니다.
스즈키씨는 부장님입니다.

*～です:
～데스
～입니다 (원형)

～だ : ～(이)다
다

예)これはかのじょのほん(本)だ:
코레와 카노죠노 혼다.
이것은 그녀의 책이다.

⇒～といいます。
～토이- 마스.
わたしはチョンといいます。
와타시와 쵸토이-마스.
かれはキムともうします。
카레와 키무토 모-시마스.

⇒～고(라고) 합니다.
저는 정이라고 합니다.
그는 김이라고 합니다.

해설

1. 호칭

~さん상　~씨 라는 뜻으로 사람 부를 때 쓰며, 윗사람에게도 자연스럽게 사용한다. 일본인들은 자기편에는 존대말을 쓰지 않는다.

예) 스즈키는 저희회사 사장입니다---o
스즈키는 저희 회사 사장님입니다---X

2. 직위호칭

회장(かいちょう 카이쵸-　会長)
사장(しゃちょう　샤쵸-　社長)
부장(ぶちょう 부쵸-　部長)
팀장(TEAMちょう 치-무쵸- チーム長)
과장(かちょう 카쵸-　課長)
대리(だいり 다이리　代理)
계장(かかりちょう　카카리쵸-　係長)
사원(しゃいん　샤잉　社員)

관련용어

めいし메이시　(名刺)：명함 ビジネスカ-ド (BUSINESS CARD) 비지네스카-도 라고도 말한다.
オ-ナ- 오-나- : 오너(OWNNER), 경영자
デザイナ- 데자이나- : 디자이너
パタ-ンナ- 파타-안나- : 패턴사
ウェブデザイナ- 웨브데자이나- : 웹디자이너
オ-エル 오-에루 : 직장여성(OFFICE LADY)

제3과

있다(네,있습니다.)

(1) 본문

バイヤー:スパンパンツはありますか。
바이야-: 스팜판츠와 아리마스카.

販売社員:はい、あります。きょう(今日)は
함바이샤잉: 하이. 아리마스. 쿄-와

とくべつ(特別)セールをおこな(行)っています。
토쿠베츠 세-루 오오코낟테 이마스.

バイヤー:ほんとう(本当)ですか。
바이야-: 혼토-데스카.

どれくらいのねび(値引)きですか。
도레쿠라이노 네비키데스카.

販売社員:品物によっては20~30パーセン
함바이샤잉: 시나모노니욘테와 니쥬우~카라산쥬-파-센토

トやすくなります。
야스쿠나리마스.

バイヤー:これはいくらですか。
바이야-: 코레와 이쿠라데스카.

販売社員:はい、それは3,000円です。
함바이샤잉: 하이, 소레와 산젱엔데스.

바이어 : 스판바지 있습니까.
판매사원 : 네, 있습니다. 오늘은 특별 세일을 하고 있습니다.
바이어 : 정말입니까. 어느 정도의 할인입니까.
판매사원 : 물건에 따라 20에서 30% 싸게 해 드립니다.
바이어 : 이것은 얼마입니까.
판매사원 : 네, 그것은 3,000엔입니다.

해설

ありますアリマス
있습니다 라는 뜻으로 주로 물건에만 쓴다.
いますイマス
있습니다 라는 뜻으로 주로 사람, 동물에게만 쓴다.

これ코레 이것
それ소레(그것)
あれ아레(저것)
どれ도레(어느 것)

(2) 반복하기

⇒~はありますか。(＝ございますか。)
~와 아리마스카. 고자이마스카.
カットソーはありますか。(＝ございますか。)
칻토소-와 아리마스카. 고자이마스카.
トレンチコートはありますか。(＝ございますか。)
토렌치코-토와 아리마스카. 고자이마스카.
ワンマイルジャケットはありますか。
완마이루 쟈켄토와 아리마스카.
(＝ございますか。)
고자이마스카.
~은(는) 있습니까.(=있습니까 의 높임말)

커트소(CUT SEW; 니트종류)는 있습니까.
트렌치코트는 있습니까.
원마일자켓(ONE MILE JACKET; 죠깅복)은 있습니까.

⇒どれくらいの~ですか。
도레쿠라이노 ~데스카.
どれくらいのねび(値引)きですか。
도레쿠라이노 네비키데스카.
どれくらいのディスカウントですか。
도레쿠라이노 디스카운토데스카.
どれくらいのべんきょうですか。
도레쿠라이노 벵쿄-데스카.

어느 정도~입니까.
어느 정도 할인입니까.
어느 정도 디스카운트입니까.
어느 정도 깍아줍니까.

⇒~だけです。
~다케데스.
フリーサイズだけです。
후리- 사이즈 다케데스.
ホワイトカラーだけです。
호와이토 카라- 다케데스.
メン(綿)だけです。
멘 다케데스.

~만(뿐)입니까.
프리사이즈만입니까.
흰색(WHITE COLOR)만입니까.
면만입니다.

기타

1. ほんもの 홈모노 (本物)
   진짜↔にせもの 니세모노(偽物): 가짜, 짝퉁
2. やす(安)くできますか。싸게 해줄 수 있습니까.
   야스쿠 데키마스카.
3. サイズ사이즈 : 사이즈, 규격、
   =すんぽう슨포- (寸法):사이즈, 규격
4. たいすん 타이승 (大寸):L 사이즈↔しょうすん
   쇼-승(小寸):S 사이즈

관련(패션)용어

ドレスアップ 도레스압프: 정장(DRESS UP)
カジュアル카쥬아루: 캐주얼(CASUAL)
スカート 스카-토:스커트
ワンピース 왐피-스:원피스
パンツ 판츠:바지(PANTS)
スーツ 수-츠 : 신사복(SUITS)
ジャケット 쟈켇토: 자켓
ジーンズ 지-ㄴ즈: 청바지
スラックス 스락쿠스: 스랙스,여성용 바지
パジャマ파자마: 파자마
シャツ 샤츠: 셔츠

제4과

가격흥정(얼마입니까)

(1)소매가격

(2)도매가격(가격계산)

(1) 본문

バイヤー：このワンピースはいくらですか。
바이야-: 코노왐피-스와 이쿠라데스카.

販売社員：9、800円です。
함바이샤잉: 큐-셍합퍄큐엔데스.

バイヤー：こうりですか、おろしですか。
바이야-: 코우리데스카, 오로시데스카.

販売社員：こうりですが、おろしねは20枚べースで6、500円になります。
함바이샤잉: 코우리데스가, 오로시네와니쥬-마이베-스데 로쿠셍고햐쿠엔니 나리마스.

バイヤー：ちょっとたかいですね。50枚かいますから、6,000円にしてください。
바이야-: 촏토 타카이데스네. 고쥬-마이카이마스카라, 로쿠센니 시테 쿠다사이.

販売社員：はい、けっこうです。
함바이샤잉: 하이, 켁코-데스.

바이어 : 이 원피스는 얼마입니까.
판매사원: 9,800엔입니다.
바이어 : 소매가격입니까, 도매가격입니까.
판매사원: 소매가격인데, 도매가격은 20장 기준으로 6,500엔이 됩니다.
바이어 : 좀, 비싸군요. 50장 살 테니까, 6,000엔으로 해 주십시오.
판매사원: 네, 좋습니다.

(2) 반복하기

⇒~たかいですね。
~타카이데스네.
すこしたかいですね。
스코시 타카이데스네.
とてもたかいですね。
토테모 타카이데스네.
すごくたかいですね。
스고쿠 타카이데스네.

~비싸군요.
조금 비싸군요.
아주 비싸군요.
굉장히 비싸군요.

⇒~してください。
~시테 쿠다사이.
ちょっとやすくしてください。
춋토 야스쿠시테 쿠다사이.
すこしさげてください。
스코시 사게테 쿠다사이.
10パーセントくらいねびきしてください。
쥿-파-센토쿠라이 네비키시테 쿠다사이.

~해 주십시오.
좀 싸게 해주십시오.
조금 싸게 해주십시오.
10%정도 가격인하 해 주십시오.

⇒～くなります。
～쿠나리마스.

数がおおければやすくなります。
카즈가오-케레바 야스쿠 나리마스.

たくさんちゅうもん(注文)すればやすくなります。
탁상 츄-몽 스레바 야스쿠나리마스.

ビッグオーダーならやすくなります。
빅구 오-다-나라 야스쿠 나리마스.

~이(가) 되었습니다.
수량이 많으면 싸집니다.
많이 주문하면 싸집니다.
빅오더(대량 주문; BIG ORDER)라면 싸집니다.

⇒～だい(代)
～다이

しょうひんだいはまえばらいですか。
쇼-힝다이와 마에바라이데스카.

せいひんだいはあとばらいですか。
세이힝다이와 아토바라이데스카.

サンプルだいはまえばらいです。
삼푸루다이와 마에바라이데스.

~대금, 요금
상품대는 선불입니까?
제품대는 후불입니까?
견본대금은 선불입니다.

⇒いつ～
이츠～
いつしはらいますか。
이츠 시하라이마스카.
いつはらいますか。
이츠 하라이마스카.
いつけっさい(決済)しますか。
이츠 켓사이시마스카.

언제～
언제 지불합니까?
언제 지불합니까?
언제 결제합니까?

해설

いくら:얼마 (=なんぼ: 오사카 사투리)
이쿠라 남보

예)これなんぼですか。이것 얼마입니까?
코레 남보데스카.

こう(小売)り:소매가격
코우리

おろしね(卸値):도매가격
오로시네

まい(枚):장
마이

ちょっと: 잠깐, 좀
쵿토

たか(高)い:비싸다
타카이

か(買)いますから:살테니까
카이마스카라

ください:주십시오
쿠다사이

はい:네
하이

~(れ)ば:~(으, 하)면 의 뜻으로 가정의 의미이다.
~(레)바

~なら:~(으, 하)면 의 뜻으로 가정의 의미이다.
~나라

けっこう(結構):좋음, 괜찮음
켁코~

기타

애매모호한 일본어 말씨
간단한 말이지만, 어감에 따라 반대의 의사표시가 되기도 한다.

1. 긍정적인 뜻이다.

いいです。좋습니다, 괜찮습니다
이-데스.

だいじょうぶです。좋습니다, 괜찮습니다
다이죠-부데스.

けっこうです。좋습니다, 괜찮습니다
켁코-데스.

2. 부정적인 뜻이다.

もういいです。뭐 좋습니다, 뭐 괜찮습니다
모-이-데스.

もうだいじょうぶです。뭐 좋습니다, 뭐 괜찮습니다
모-다이죠-부데스.

もうけっこうです。뭐 좋습니다, 뭐 괜찮습니다
모-켁코-데스.

3. じゅうぶんです。충분합니다, 넉넉합니다
쥬-분데스.

オファー오파-:가격제시(OFFER)
パーセント 파-센토:퍼센트(%)
かけうり 카케우리:외상
キャッシュ 캿슈:현금(CASH)
クレジットカード 크레짇토카-도:
신용카드(CREDIT CARD)

プリペイ 프리페이:선불(PRE PAY)
あとばら(後払)い 아토바라이 :
후불↔まえばら 마에바라이 (前払)い: 선불

ミニマムオーダ-미니마무오-다-:
최소수량(MINIMUM ORDER)↔
マクシマムオ-ダ-마쿠시마무오-다-:
최다수량(MAXIMUM ORDER)
みほんだい미혼다이(見本代):
견본대금(SAMPLE CHARGE)

제5과

소재

(1)겉감(おもてじ 表地)
오모테지
(2)안감(うらじ 裏地)
우라지
(3)단추(ボタン 釦)
보탕
(4)기타 (실 いと 糸、액세서리 アクセサリ-)
이토 아쿠세사리-

(1) 본문

バイヤー:このきじ(生地)はなんのいとですか。
바이야-: 코노키지와 난노 이토데스카.
販売社員:はい、98パーセントめん(綿)で、
함바이샤잉: 하이, 큐쥬-하치파-센토멘데,
2パーセントはスパンです。
니파-센토와 스판데스.
バイヤー:は、そうですか。すると、のびやすいでしょうね。
바이야-: 하, 소-데스카. 스루토, 노비야스이데쇼-네.
売社員:はい、そうです。よくのびます。
함바이샤잉:하이, 소-데스. 요쿠노비마스.
バイヤー:ちゅうごくさん(中国産)ですか。
바이야-: 츄-곡산데스카.
販売社員:いいえ、きばたはちゅうごくさんですが、
함바이샤잉: 이-에 키바타와 츄-곡산데스가
かんこく(韓国)でそ(染)めたものです。
캉코쿠데 소메타모노데스.

이 원단은 무슨 실입니까?
네, 98%는 면 이고 2%는 스판(SPUN)입니다.
네, 그렇습니까. 그러면, 늘어나기 쉽겠네요.
네, 그렇습니다. 잘 늘어납니다.
중국산입니까.
아니오. 생지는 중국산이지만,
한국에서 염색한 것입니다.

해설

なん(何) : 무엇
난
～で : ~이고, ~이며. ~(으)로. 에서
데
すると : 그러면, 그렇다면
스루토
～やすい : ~(하)기 쉬운
야스이
～でしょう : ~(이)겠지요 라는 뜻으로 추측을 할 때 말한다.
데쇼-
きばた : 생지
키바타
(옷감을 짜놓고 가공하기 전단계의 생지상태를 말한다.)

～の :
노
~(의) 것 이라는 뜻으로 어떤 사물을 대신하여 쓴다.
예)わたしのです。제 것입니다.
와타시노데스.

(2) 반복하기

⇒これはなん(何)でつくりましたか。
코레와 난데 츠쿠리마시타카.
それはなんのものでさくせいしましたか。
소레와 난노모노데 삭세이시마시타카.
あれはどんなきじでせいさくしましたか。
아레와 돈나키지데 세이사쿠시마시타카.

이것은 무엇으로 만들었습니까?
그것은 어떤 것으로 제작했습니까?
저것은 어떤 옷감으로 제작했습니까?

⇒はんぶん(半分)はコットンで、
함붕와 콘톤데,
はんぶんはポリエステルです。
함붕와 포리에스테루데스.
９０パーはウールで、
큐-쥬-파-와 우-루데,
のこ(残)り10パーはナイロンです。
노코리 쥬-파-와 나이론데스.
さとう(佐藤)さんはにほんじん(日本人)で、
사토-상와 니혼진데,
マオ(毛)さんはちゅうごくじんです。
마오상와 츄-고쿠징데스.

반은 커튼(COTTON)이며, 반은 포리에스텔입니다.
90%는 모((WOOL)이고, 나머지10%는 나이론입니다.
사토씨는 일본사람이고, 마오씨는 중국사람입니다.

⇒たべやすいですね。
타베야스이데스네.
のみやすいですね。
노미야스이데스네.
よみやすいですね。
요미야스이데스네.

먹기 쉽(좋)습니다.
마시기 쉽(좋)습니다.
읽기 쉽(좋)습니다.

⇒よくちぢみますか。
요쿠 치지미마스카.
よくなりましたか。
요쿠 나리마시타카.
よくないですね。
요쿠 나이데스네.

잘 줄어듭니다.
잘 되었습니까?(=좋아 졌습니까?)
좋지 않군요.

⇒中国でつくりました。
츄우고쿠데 츠쿠리마시타.
北朝鮮の開城でつくりました。
키타쵸우센노케손데 츠쿠리마시타.
ベトナムでせいさん(生産)しました。
베토나무데 세이상시마시타.

중국에서 만들었습니다.
북한의 개성에서 만들었습니다.
베트남에서 생산했습니다.

관련(패션)용어

マテリアル마테리아루: 소재(MATERIAL), 옷감, 원단
ピースグッズ피-스긋즈: 옷감, 원단(PIECE GOODS)
アサ(麻) 아사: 마
レイヨン레이용: 레이욘
ばんて반테 (番手): 번수(실의 굵기)
ほんすう혼스-(本数): 본수(실의 가닥수)
ふと후토(太) さ사: 굵기
こんぼうりつ콤보-리츠 (混紡率):
혼방률(COMPOSITION)
かたい카타이: 딱딱하다(HARD)↔
やわらかい야와라카이: 부드럽다(SOFT)
さきぞめ사키조메: 선염(먼저 염색하는 것) ↔
あとぞめ아토조메: 후염(나중에 염색하는 것)

제6과

사이즈

(1)여성복(じょせいふく죠세이후쿠　女性服)
(2)남성복(だんせいふく단세이후쿠　男性服)
(3)아동복(こどもふく코도모후쿠　子供服)
(4)유아복(ベビーふく베비-후쿠)

(1) 본문

バイヤー: それはなんサイズですか。
바이야-:　소레와　난　사이즈데스카.
販売社員: これはMサイズです。
함바이샤잉: 코레와　에무사이즈데스.
バイヤー:それよりすこしおおきなサイズはありませんか。
소레요리　스코시 오-키나　사이즈와　아리마셍카.
販売社員: いいえ、あります。これはLサイズですが。
함바이샤잉: 이-에,　아리마스.　코레와　에루사이즈데스가.
バイヤー: そうですか。
바이야-:　소-데스카.
日本のスタンダードよりおおきくみ(見)えますね。
니혼노　스탄다-도요리　오-키쿠　미에마스네.
きたけ(着丈)をはかってみましょうか。
키타케오　하캍테　미마쇼-카.
販売社員: メジャーはここにあります。
함바이샤잉: 메쟈-와　코코니아리마스.
バイヤー: どうも。
바이야-:　도-모.
やはりながいので、2センチくらいカットできますか。
야하리나가이노데　니센치쿠라이　캍토데키마스카.
販売社員: はい、もちろんできます。
함바이샤잉: 하이,　모치론　데키마스.

그것은 무슨 사이즈(SIZE)입니까?
이것은 엠사이즈입니다.
그것보다 조금 큰 사이즈는 없습니까?
아니오, 있습니다. 이것은 엘사이즈입니다만.
그렇습니까. 일본스탠다드(STANDARD)보다
크게 보입니다만.
기장을 재 볼까요.
자는 여기에 있습니다.
정말(감사합니다.) 역시 길기 때문에 2센치 정도
자를 수 있을까요?

해설

より:
요리
1. ~보다 라는 뜻으로 비교를 나타낸다.
예)テゼベよりしんかんせん(新幹線)がはやいです。
테제베요리 싱칸셍가 하야이데스.
테제베보다 신칸센이 빠릅니다.
2. ~에서 라는 뜻으로 기점을 뜻한다.
예)ト-キョ-(東京)よりしゅっぱつ(出発)します。
토-쿄-요리 슙파츠시마스.
토쿄에서 출발하겠습니다.

~ね : ~군요 라는 뜻으로 가벼운 다짐을 뜻한다.
~네
~ましょうか:~합시다 라는 뜻으로 권유형이다.
~마쇼-카
どうも:정말, 참, 매우(고맙습니다, 미안합니다,
도-모
실례했습니다 라는 뜻을 줄여서 하는 말이다.)
~ので : ~므로, ~때문에
~노데
できます:가능합니다, 할 수 있습니다
데키마스
원형 できる(가능함, 할 수 있음)
데키루

(2) 반복하기

⇒サイズをはかってみましょうか。
사이즈오 하캇테 미마쇼-카.
すんぽう(寸法)をとってみましょうか。
슴보-오 톧테미마쇼우카.
サンプルをつくってみましょうか。
삼푸루오 츠쿧테 미마쇼-카.

사이즈를 재볼까요.
칫수를 재봅시다.
샘플을 만들어 볼까요.

⇒これよりそれがみじかいですね。
코레요리 소레가 미지카이데스네.
デパートよりトンデムンがしんせつ(親切)ですね。
데파-토요리 톤데뭉가 신세츠데스네.
ホテルだいは韓国が日本よりたかいですね。
호테루다이와 캉코쿠가 니혼요리 타카이데스네.

이것보다 그것이 짧군요.
백화점보다 동대문이 친절하군요.
호텔비는 한국이 일본보다 비싸군요.

⇒たべてみましょうか。
타베테 미마쇼-카.
のんでみましょうか。
논데 미마쇼-카.
い(行)ってみましょうか。
읻테 미마쇼-카.
(=い(言)ってみましょうか。)
(=읻테 미마쇼-카.)

먹어볼까요.
마셔볼까요.
가볼까요.(=말해 볼까요.)

⇒ボックスのうえ(上)になにがありますか。
복쿠스노 우에니 나니가 아리마스카.
ボックスのなか(中)になにがありますか。
복쿠스노 나카니나 니가아 리마스카.
ボックスのした(下)になにがありますか。
복쿠스노 시타니 나 니가 아리마스카.

박스위에 무엇이 있습니까.
박스안에 무엇이 있습니까.
박스밑에 무엇이 있습니까.

⇒アイロンがあります。
아이롱가 아리마스.
はさみがあります。
하사미가 아리마스.
でんたく(電卓)があります。
덴타쿠가 아리마스.

아이론이 있습니다.
가위가 있습니다.
전자계산기가 있습니다.

⇒これをきってちょうだい。
코레오 킷테 쵸-다이.
これをつないでちょうだい。
코레오 츠나이데 쵸-다이.
これをほどいてちょうだい。
코레오 호도이테 쵸-다이.

이것을 잘라 줘요.
이것을 이어 줘요.
이것을 풀어 줘요.

ベビーふく베비-후쿠(服): 베비복(0~2세의 아기)
トドラー토도라-: 3~5세의 아기 (TODDLER)
スモール스모-루 : 소(SMALL)
ミディアム미디아무 : 중 (MIDEUM)
ラージ라-지 : 대(LARGE)
だいすん다이승 (大寸) : 대칫수
しょうすん쇼-승 (小寸) : 소칫수
むねまわ(胸回)り무네마와리 : 가슴둘레
かたはば(肩幅) 카타하바 : 어깨폭
こし(腰) 코시: 허리
すそ(裾) 스소: 밑단
えり(襟) 에리: 깃
まえだて(前立) 마에다테: 앞단(PLACKET)

제7과

칼라

(1)선염 (さきぞめ사키조메)
(2)후염 (あとぞめ아토조메)
(3)색깔의 종류

(1) 본문

バイヤー: このカラーは
바이야-: 코노 카라와
なんしゅるい(何種類)ありますか。
난슈루이 아리마스카.
販売社員: レッドとブルー,イエロ
함바이샤잉: 렌도토 부루- 이에로-
ーの3しゅるいしかありません。
노 산슈루이시카 아리마셍.
バイヤー: すくないですね。
바이야-: 스쿠나이데스네.
みほんはこのブルーカラーにしましょう。
미홍와 코노부루-카라- 니시마쇼-.
でも、あまりこいカラーですから、
데모, 아마리코이카라-데스카라,
もっとうすくそめてください。
몯토 우스쿠 소메테 쿠다사이.
販売社員: わかりました。
함바이샤잉: 와카리마시타.
このカラーはいかがですか。
코노카라-와 이카가데스카.
バイヤー: それはすごくあかるいですね。
바이야-: 소레와 스고쿠 아카루이데스네.

이 칼라는 몇 종류 있습니까.
레드와 블루, 옐로 3종류 밖에 없습니다.
적군요.
견본은 이 블부칼라로 합시다.
그렇지만, 너무 진한 칼라이므로,
더 연하게 염색해 주십시오.
알겠습니다. 이 칼라는 어떻습니까.
그것은 굉장히 밝군요.

(2) 반복하기

⇒このいろはなんしょく(何色)ありますか。
코노이로와 난쇼쿠 아리마스카.

このそざいはとてもはでないろですね。
코노 소자이와 토테모 하데나 이로데스네.

このホワイトカラーはざいこ(在庫)がたくさんあります。
코노 호와이토카라-와 자이코가 탁상 아리마스.

이 색깔은 몇 색깔 있습니까.
이 소재는 아주 화려한 색깔이군요.
이 화이트칼라는 재고가 많이 있습니다.

⇒ブラックカラーしかありません。
브락쿠카라- 시카 아리마셍.
ちゃいろ(茶色)しかないです。
챠이로시카 나이데스.
そざいのざいこは１ヤードしかありません。
소자이노 자이코와 이치야-도시카 아리마셍.

블랙칼라 밖에 없습니다.
차색 밖에 없습니다.
소재의 재고는 1야드 밖에 없습니다.

⇒サンプルカラーはこれにしましょう。
삼푸루카라- 와 코레니시마쇼-.
サンプルカラーはこれにき(決)めましょう。
삼푸루카라-와 코레니 키메마쇼-.
サンプルカラーはこれにあわせましょう。
삼푸루카라-와 코레니 아와세마쇼-.

샘플칼라는 이것으로 합시다.
샘플칼라는 이것으로 결정합시다.
샘플칼라는 이것에 맞춥시다.

⇒なんのカラーがすきですか。
난노 카라-가 스키데스카.
なんのスタイルをこのみますか。
난노 스타이루오 코노미마스카.
なんのカラーがあいますか。
난노 카라-가 아이마스카.

무슨 색깔을 좋아합니까.
무슨 스타일을 좋아합니까.
무슨 칼라가 맞습니까.

관련 용어

ピンク핑쿠 : 핑크

オレンジ오렌지 : 오렌지(=だいだい)다이다이

グリーン구리-ㄴ: 그린

パープル파-푸루: 퍼플

グレー구레-: 그레이

カラフル카라후루 : 화려함(COLORFUL)

ソリッド소릳도 : 단색(SOLID)

ストック스톡쿠 : 재고(STOCK)

ビーカーテスト비-카-테스토 :
실험실 비커테스트(BEAKER TEST)

제8과

음료수 주문

(1) 본문

販売社員: どうぞ、おかけください。
함바이샤잉:　도-조,　오카케　쿠다사이.
のみものはなんにしましょうか。
노미모노와　난니　시마쇼-카.
バイヤー:はい、すみませんが、
바이야-:　하이,　스미마셍가,
つめたいオレンジジュースをおねがいします。
츠메타이　오렌지쥬-스오　오네가이시마스.
販売社員:はい、わかりました。
함바이샤잉:　하이,　와카리마시타.

자, 앉으십시오. 마실 것은 무엇으로 하시겠습니까?
네, 죄송하지만, 차거운 오렌지쥬스로 하겠습니다.
네, 알았습니다.

(2) 반복하기

⇒のみものはなにがよろしいですか。
노미모노와 나니가 요로시-데스카.
のみものはなにがいいですか。
노미모노와 나니가 이-데스카.
のみものはなにがよろしいでしょうか。
노미모노와 나니가 요로시-데쇼-카.

마실 것은 무엇이 좋습니까?
마실 것은 무엇이 좋습니까?
마실 것은 무엇이 좋을 지요?

⇒なんでもいいです。
난데모 이-데스.
なんでもけっこうです。
난데모 켁코-데스.
なんでもかまいません。
난데모 카마이마셍.

뭐든지 좋습니다.
뭐든지 좋습니다.
뭐든지 괜찮습니다.

⇒わたしはホットコーヒーにします。
와타시와 홋토 코-히-니 시마스.
わたしはおちゃのほうがいいです。
와타시와 오챠노 호-가 이-데스.
わたしはおみずにします。
와타시와 오미즈니 시마스.

저는 더운 커피로 하겠습니다.
저는 차로 하겠습니다.
저는 물로 하겠습니다.

⇒どうぞ、おのみください。
도-조, 오노미 쿠다사이.
どうぞ、おあがりください。
도-조, 오아가리 쿠다사이.
どうぞ、めしあがってください。
도-조, 메시아갇테 쿠다사이.

자, 드세요.
자, 드십시오.
자, 드십시오.

관련 용어

トマトジュース토마토쥬-스 : 토마토 쥬스
シュガー슈가- : 설탕
アイスコーヒー아이스코-히-: 아이스커피
みずわ(水割)り미즈와리 :
위스키나 소주 등에 물 탄 것
のみほうだい(放題)たべほうだい:
노미호-다이 타베호-다이
실컷(마음껏) 마시거나 실컷(마음껏) 먹는 것

제9과

디자인 기획

(1) 본문

販売社員: いま、
함바이샤잉: 이마,
にほん(日本)ではどんなスタイルがはやっていますか。
니혼데와 돈나 스타이루가 하얃테 이마스카.
バイヤー:しぶや(渋谷)１０９ではミリタリー
바이야-: 시부야 이치마루큐-데와미리타리
ルックがはやっています。
-룩쿠가 하얏테 이마스.
販売社員:やはりそうでしょうね。
함바이샤잉: 야하리 소-데쇼-네.
これはとうしゃ(当社)の
코레와 토-샤노
しんしょうひん(新商品)です。
신쇼-힌데스.
カラーもトレンドにあわせました。
카라-모 토렌도니 아와세마시타.
バイヤー:すばらしいですね。
바이야-: 스바라시-데스네.
とく(特)にコントラストが
토쿠니 콘토라스토가
よくにあいますね。
요쿠 니아이마스네.

ステッチはきじにマッチングしてほしいですね。
스텟치와 키지니 맛칭구시테 호시-데스네.
販売社員:わかりました。
함바이샤잉: 와카리마시타.
うらじ(裏地)わたはなにをつかいましょうか。
우라지와타와 나니오 츠카이마쇼-카.
2オンスでうすいものをいれてほしいです。
니온스데 우스이모노오 이레테 호시-데스.

지금 일본에서는 어떤 스타일이

유행하고 있습니까.

시부야 109(빌딩)에서는 밀리터리룩

(MILITARY LOOK)이 유행하고 있습니다.

역시 그렇겠군요. 이것은 당사의 신상품입니다.

칼라도 트렌드에 맞혔습니다.

하, 멋있군요. 특히 배색(CONTRAST)이 잘

어울리는 군요.

박음질(STITCH)은 옷감에 맞춰 주기 바래요.

알겠습니다. 안감솜은 무엇을 쓸까요.

2온스로 얇은 것을 넣어주기 바랍니다.

해설

はや(流行)って : 유행하고
하얃테
(원형)はや(流行)る : 유행하다
하야루
~ています:~하고 있습니다
테이마스
(원형)~ている : ~하고 있다
테이루

예)たべています: 먹고 있습니다.
타베테 이마스
えがいています: 그리고 있습니다.
에가이테 이마스
きいています: 듣고 있습니다.
키이테 이마스
とうしゃ(当社) : 당사, 저희회사
토-샤

*회사호칭---へいしゃ(弊社) : 폐사 ↔
헤이샤
きしゃ(貴社) : 귀사, おんしゃ(御社) : 귀사
키샤 온샤

가게
みせ(店), てんぽ(店舗)
미세 템포
신제품
しんせいひん(新製品), しんはつばい(新発売),
신세이힝, 싱하츠바이,
しんしょうひん(新商品)
신쇼-힝

(2) 반복하기

⇒このきじのふうあ(風合)いはかたいですね。
코노키지노 후-아이와 카타이데스네.
このそざいのタッチはかたいですね。
코노 소자이노 탓치와 카타이데스네.
このげんたん(原反)のフィー
코노 겐탄노 휘-
リングは
링구와
やわらかいですね。
야와라카이데스네.

이 옷감의 감촉은 딱딱하군요.
이 소재(=옷감)의 터치(=감촉)는 딱딱하군요.
이 원단(=옷감)의 필링(=감촉)은 부드럽군요.
*감촉---일본어로는 'さわり' 라고도 한다.

⇒シーズン別のサンプルはなんスタイル
시-즌베츠노 삼푸루와 난스타이루
くらいさくせいしますか。
쿠라이 삭세이시마스카.
シーズンごとのサンプルはなんかたほど
시-즌 고토노 쌈푸루와 난카타호도
さくせいしますか。
삭세이 시마스카.
シーズン当りのサンプルのかずはどのく
시-즌아타리노 삼푸루노 카즈와 도노쿠
らいつくりますか。
라이 츠쿠리마스카.

계절 별 샘플은 몇 스타일 정도 제작합니까.
계절 마다 샘플은 몇 스타일 정도 제작합니까.
계절 당 샘플수량은 어느 정도 만듭니까.

*시즌별상품---はるもの(春物): 봄상품
하루모노
なつもの(夏物): 여름상품
나츠모노
あきもの(秋物): 가을상품
아키모노
ふゆもの(冬物): 겨울상품
후유모노

⇒おんしゃのていばん(定番)はなんですか。
온샤노 테이방와 난데스카.
きしゃのメインしょうひんはなんですか。
키샤노 메인쇼-힝와 난데스카.
きしゃのおも(主)なしょうひんはなんですか。
키샤노 오모나 쇼-힝와 난데스카.

귀사의 대표상품은 무엇입니까.
귀사의 메인(MAIN) 상품은 무엇입니까.
귀사의 주요상품은 무엇입니까.

⇒ほんとうにすば(素晴)らしいですね。
혼토-니 스바라시-데스네.
ほんとうにすてき(素敵)ですね。
혼토-니 스테키데스네.
ほんとうにりっぱ(立派)ですね。
혼토-니 립파데스네.

정말 멋있군요.
정말 멋있군요.
정말 훌륭하군요.

⇒とてもにあ(似合)いますね。
토테모 니아이마스네.
ぴったりにあ(似合)いますね。
삗타리 니아니마스네.
よくにあ(似合)いますね。
요쿠 니아이마스네.

아주 어울립니다.
딱 어울립니다.
잘 어울립니다.

*似合いのふうふ(夫婦) -
니아이노 후-후
천생연분인(잘 어울리는) 부부

⇒ぜんぜんうすくありません。
젠젱 우스쿠 아리마셍.
あまりうすくありません。
아마리 우스쿠 아리마셍.
すこしもうすくありません。
스코시모 우스쿠 아리마셍.

전연 연하지(얇지) 않습니다.
별로 연하지(얇지) 않습니다.
조금도 연하지(얇지) 않습니다.

*あまり - 부정이 오면 너무나 라는 뜻이며,
아마리
긍정이 오면 별로 라는 뜻이 된다.

예)あまりにもおおいです。 너무나 많습니다.
아마리니모 오-이데스.
あまりたかくありません。별로 비싸지 않습니다.
아마리 타카쿠 아리마셍.

⇒わらってほしいです。
와랏테 호시-데스.
かってほしいです。
캇테 호시-데스.
いれってほしいです。
이렛테 호시-데스.

웃기 바랍니다.
사주기 바랍니다.
넣어주기 바랍니다.

*~てほしい :
~테 호시-
~(하)기 바란다 라는 뜻으로 말하는 사람의 간절한 소망이 담긴 말투이다.

관련 용어

ユニセックス:남녀공용(UNISEX)
유니섹쿠스

ファッションアドバイザー:
홧숀 아도바이자-

패션어드바이저(FASHION ADVISER)

ショップマスター: 샵마스터(SHOP MASTER)
숍푸 마스타-

コンビネーション: 콤비네이션(COMBINATION)
콤비네-숑

シングルジャケット: 싱글쟈켓(SINGLE JACKET)
싱구루 쟈켄토

ダブルジャケット: 더블쟈켓(DOUBLE JACKET)
다브루 쟈켄토

カラートレンド: 칼라트렌드(COLOR TREND)
카라- 토렌도

제10과

주문과 계약(결제)

(1)주문 (2)계약 (3)대금지불

(1) 본문

バイヤー: サンプルがよかったので、
바이야-: 삼푸루가 요캇타노데,
ちゅうもん(注文)します。
츄-몬 시마스.
販売社員: ありがとうございます。
함바이샤잉: 아리가토- 고자이마스.
バイヤー: スタイルナンバー
바이야-: 스타이루 남바-
１ばん(番)から３まではかく１００まい
이치방카라 삼마데와 카쿠햐쿠마이,
(枚)、それから、４ばんから５ばんは
소레카라, 욘방카라 고방와
５０まいずつです。
고쥬-마이즈츠데스.
ごうけい(合計)で４００まいになりますね。
고-케-데 욘햐쿠마이니 나리마스네.
販売社員: そうですか。サイズとカラー
함바이샤잉: 소-데스카. 사이즈토 카라-

のアソートをかくにん(確認)してください。
노 아소-토오 카쿠닌시테 쿠다사이.

バイヤー:それはにほん(日本)へ
바이야-: 소레와 니홍에

帰(かえ)ってからしらせます。
카엔테카라 시라세마스.

それよりは、ぜん(全)スタイルのかくにん
소레요리와, 젠스타이루노 카쿠닌노

(確認)のみほんを1まいずつ
미홍오 이치마이즈츠

つくってりょうかいをとってください。
츠쿤테 료-카이오 톧테 쿠다사이.

しきゅう(至急)おねがいします。
시큐- 오네가이 시마스.

販売社員:
함바이샤잉:

はい、わかりました。のうきはいつまでですか。
하이, 와카리마시타. 노-키와 이츠마데데스카.

샘플이 좋아서, 주문하겠습니다.
고맙습니다.
스타일넘버 1번부터 3까지는 각100장, 그리고
4번부터 5번은 50장씩입니다.
합계 400장이 되는군요.
그렇습니까. 사이즈와 컬러 구색(ASSORT)을
확인해 주십시오.
그것은 일본에 돌아가서 알려드리겠습니다.
그것보다는 , 전스타일 확인견본을 1장씩
만들어 승락을 받아 주십시오.
지급으로 부탁합니다.
네,알았습니다. 납기는 언제까지 입니까?

해설

よかった요칸타 : 잘 됐다, 좋다 라는 뜻의 관용어이다.
~から카라 (＝～より요리) ～まで마데 :
~(로)부터~까지

예)ソウルよりブサンまで。소우루요리부산마데.
서울에서 부산까지.

(2) 본문

バイヤー:のうきはできるだけはやいほうがいいですが、
바이야-: 노-키와 데키루다케 하야이호-가 이-데스가,
おそくともらいしゅう(来週)まつまでははにほんに
오소쿠토모 라이슈-마츠마데와 니혼니
つ(着)くように おねがいします。
츠쿠요-니 오네가이시마스.
販売社員:はい、のうきはまちがいなくまも(守)ります。
함바이샤잉: 하이, 노-키와 마치가이나쿠 마모리마스.
サンプルチャージはげんきん(現金)でしはらってください。
삼푸루 챠-지와 겡킨데 시하랃테 쿠다사이.
バイヤー:T/Tベースでふ(振)りこ(込)
바이야-: T/T베-스데 후리코
みますので、ぎんこうの
미마스노데, 킹코-노
こうざばんごう(口座番号)をおしえてください。
코-자방고-오 오시에테 쿠다사이.

납기는 가능하면 빠른 편이 좋습니다만, 늦어도
내주말까지는 일본에 도착하도록 부탁합니다.
네, 납기는 틀림없이 지키겠습니다.
샘플비(CHARGE)는 현금으로 지불해 주십시오.
전신환베이스로 불입할테니까, 은행구좌번호를 가르쳐
주십시오.

해설

できるだけ: 가능하면 (=できるなら, できれば, できるかぎり)
데키루다케 데키루나라, 데키레바, 데키루카기리
T/Tベース: 전신환베이스(BASE), 토대
베-스

(3) 반복하기

⇒ちゅうもんします。
츄-몬 시마스.
はっちゅう(発注)します。
핫츄- 시마스.
オーダーします。
오-다- 시마스.

주문하겠습니다.
발주하겠습니다.
오더(ORDER)하겠습니다.

⇒とうきょう(東京)からソウルまで
토-쿄-카라 소우루마데
どのくらいかかりますか。
도노쿠라이 카카리마스카.
-ひこうきで2じかん(時間)
히코-키데 니지캉
くらいかかります。
쿠라이 카카리마스.
てんぽうからこうじょうまで
템포-카라 코-죠-마데
どのくらいかかりますか。
도노쿠라이 카카리마스카.

-くるま(車)でちょうど
쿠루마데 쵸-도
10(分)かかります。
쥽풍 카카리마스.
-ある(歩)いて5ふんしかかかりません。
아루이테 고훈시카 카카리마셍.

도쿄에서 서울까지 어느 정도 걸립니까.
-비행기로 2시간 정도 걸립니다.
가게에서 공장까지 어느 정도 걸립니까.
-자동차로 딱 10분 걸립니다.
-걸어서 5분밖에 걸리지 않습니다.

⇒りょうかい(了解)をとってください。
료-카이오 톹테 쿠다사이.
アクセプトをうけてください。
아쿠세프토오 우케테 쿠다사이.
しょうにん(承認)をうけてください。
쇼-닝오 우케테 쿠다사이.

승낙을 받아 주십시오.
승낙(ACCEPT 억셉프트)을 받아 주십시오.
승인을 받아 주십시오.

⇒のうきはいつまでですか。
노-키와 이츠마데데스카.
デリバリーはいつですか。
데리바리-와 이츠데스카.
うんそう(運送)はいつしましょうか。
운소-와 이츠 시마쇼-카.

납기는 언제까지 입니까.
납기(DELIVERY 딜리벌리)는 언제 입니까.
운송은 언제 할까요.

⇒のうきにおくれないようにきをつけてください。
노-키니 오쿠레나이요-니 키오츠케테 쿠다사이.
まにあうようにがんば(頑張)ってね。
마니아우요-니 감받테네.
のうきはおそくならないようによくチェックしてね。
노-키와 오소쿠 나라나이요-니 요쿠 첵쿠시테네.

납기에 늦지 않도록 신경 써 주십시오.
제때 대도록 분발해 주십시오.
납기에 늦지 않도록 잘 체크해 주십시오.

⇒けいやくしょ(契約書)はかかなくてもいいですよ。
케이약쇼와 카카나쿠테모 이-데스요.
けいやくしょ(契約書)はいらないですね。
케이약쇼와 이라나이데스네.
けいやくしなくてもだいじょうぶ(大丈夫)ですか。
케이야쿠 시나쿠테모 다이죠-부데스카.

계약서는 쓰지 않아도 좋아요.
계약서는 필요 없어요.
계약은 하지 않아도 괜찮습니까.

-はい、だいじょうぶです。
하이,　다이죠-부데스.
はい、けっこうです。
하이,　켁코-데스.
はい、もういいです。
하이,　모- 이-데스.

네, 괜찮습니다.---긍정
네, 좋습니다.---긍정
네, 뭐 괜찮습니다.---부정

*だいじょうぶ, けっこう, いい
다이죠-부,　켁코-,　이-

긍정인지 부정인지 알아듣기 힘든
말씨이므로 반드시 재확인해 물어본다.

관련 용어

フィックス:결정(FIX) 휙쿠스
アソート(ASSORTMENT)아소-토:
구색↔ソリッド(SOLID 단품) 소릳도
コミッション:수수료(COMMISSION) 코밋숑
トライアルオーダー:
첫주문(TRIAL ORDER) 토라이아루 오-다-
コントラクトシート:
계약서(CONTRACT SHEET) 콘토라쿠토 시-토
アイディア　プライス:
희망가격(IDEA PRICE) 아이데아 프라이스
クォリティー:품질(QUARITY) 쿼리티-
クォンティティー: 수량(QUANTITY) 퀀티티-

제11과

패션쇼핑몰과 홈페이지

(1) 본문

バイヤー:
바이야-:
おんしゃはホームページをも(持)っていますか。
온샤와 호-무 페-지오 몯테 이마스카.
販売社員: はい、もっています。ちいさいながら、
함바이샤잉: 하이, 몯테 이마스. 치-사이나가라,
ショッピングモールをうんえい(運営)しています。
숍핑구 모-루오 웅에- 시테 이마스.
アドレスをいいますので、ひかえてもらいますか。
아도레스오 이-마스노데, 히카에테 모라이마스카.
バイヤー:
바이야-:
あたら(新)しいサンプルができあがつたら、
아타라시- 삼푸루가 데키아갇타라,
ホームページにいれておけば、
호-무 페-지니 이레테 오케바,
ちゅうもんができるでしょう。
츄-몽가 데키루데쇼-.
販売社員:はい、べんり(便利)になるでしょう。
함바이샤잉: 하이, 벤리니 나루데쇼-.
これからはそうしましょう。
코레카라와 소-시마쇼-.

バイヤー：
바이야-:
ホームページにはいっているしょうひん(商品)のしゃしん
호-무 페-지니 하인테 이루 쇼-힌노 샤싱오
(写真)を ほかのサイトにつかっても
호카노 사이토니 츠칸테모
いいでしょうか。
이-데쇼-카.
販売社員：はい、だいじょうぶですが、
함바이샤잉: 하이, 다이죠-부데스가,
いちおうわたしのりょうかいを とってください。
이치오- 와다시노 료-카이오 톧테 쿠다사이.
バイヤー：はい、わかりました。ありがとうございます。
바이야-: 하이, 와카리마시다. 아리가토- 고자이마스.

귀사는 홈페이지를 갖고 있습니까.
네, 갖고 있습니다. 작지만. 쇼핑몰을 운영하고 있습니다
어드레스를 말할 테니까, 받아 적어 주십시오.
새로운 샘플이 완성되면 홈페이지에 올려 두면,
주문이 가능하겠지요.
네, 편리하겠지요. 지금부터 그렇게 합시다.
홈페이지에 들어가 있는 상품의 사진을 다른 사이트에
사용해도 좋습니까.
네, 괜찮습니다만, 일단 저의 허락을 받아주십시오.
네, 알겠습니다. 고맙습니다.

해설

~ています:
~ 테이마스
~하고 있습니다 라는 뜻으로 현재진행형이다.
원형 ~ている ~하고 있다.
~ 테이루

~ながら
~ 나가라
1. ~(하)면서 라는 뜻으로 같이 무엇을 할 때 쓴다.
2. ~면서, ~하지만 이라는 뜻으로 반대되는 일이 공존할 때 쓴다.

예)たべながら、よむ。먹으면서 읽는다.
타베나가라, 요무.
おおきいながら、かるい。크지만, 가볍다.
오-키-나가라, 카루이.

~と:
1 ~(과), ~와 2 ~(하)면 의 뜻으로 가정형이다.
예)だいすん(大寸)としょうすん(小寸)しかありません。
다이슨토 쇼-슨시카 아리마셍.
큰 사이즈와 작은 사이즈 밖에 없습니다.
みるとかいたいです。보면 사고 싶다.
미루토 카이타이데스.

べんり: 편리↔ふべん(不便): 불편
벤리 후벵

そう:그렇게(=そんなに 그렇게)、(=そのように 그처럼)
소- 손나니 소노요-니

~(で)ても(데) : ~(해)도, ~(하)더라도
테모

*호칭
わたし(私) 저 わたくし 저 おれ 나↔あなた 당신 きみ 너
와타시 와타쿠시 오레 아나타 키미
おまえ 너 しゅじん(主人) 남편 おっと(夫) 남편↔
오마에 슈징 옷토
かない(家内) 아내 りょうぼう(女房) 아내
카나이 뇨-보-

(2) 반복하기

⇒おんしゃはホームページをも(持)っていますか。
온샤와 호-무 페-지오 몯테 이마스카.
おんしゃはホームページをうんえいしていますか。
온샤와 호-무 페-지오 웅에이시테 이마스카.
きしゃはホームページをかどう(稼働)していますか。
키샤와 호-무 페-지오 카도우시테 이마스카.

귀사는 홈페이지를 갖고 있습니까.
귀사는 홈페이지를 운영하고 있습니까.
귀사는 홈페이지를 가동하고 있습니까.

⇒ちいさいながら、おもいですね。
치-사이나가라, 오모이데스네.
たかいながら、ひんしつ(品質)がよくないですね。
타카이나가라, 힌시츠가 요쿠나이데스네.
せまいながら、ひとがいっぱいはいりますね。
세마이나가라, 히토가 입파이 하이리마스네.

작지만, 무겁군요.
비싸지만, 품질이 좋지 않군요.
좁지만, 사람이 꽉 들어갑니다.
*いっぱい: 1 가득 2 꽉
입파이
예1)ボックス(=カートンCARTON)
복쿠스 카-통
Tシャツがいっぱいはいる。
티샤츠가 입파이 하이루.
상자(BOX)에 셔츠가 가득 들어 있다.
예2)しょうちゅう(焼酎)をいっぱいつげ。
쇼-츄-오 입파이 츠게.

소주를 한잔 따러.

⇒さきに、いってもいいですか。
사키니, 잍테모 이-데스카.
いかなくてもいいですか。
이카나쿠테모 이-데스카.
さきに、おくってもいいですか。
사키니, 오쿧테모 이-데스카.
あとで、のってもいいですか。
아토데, 놑테모 이-데스카.

먼저 가도 좋습니까.
가지 않아도 좋습니까
먼저, 부쳐도 좋습니까.
나중에, 타도 좋습니까.

＊さき: 먼저, 앞
사키
예)おさきに、しつれい(失礼)します。
오사키니, 시츠레이 시마스.

먼저 실례하겠습니다.

⇒スタジオももっています。
스타지오모 몯테 이마스.
ウェブデザイナーもはたらいています。
웨브 데자이나-모 하타라이테 이마스.
じしゃこうじょうももっています。
지샤 코-죠-모 몯테 이마스.

스튜디오(STUDIO)를 갖고 있습니다.
웹디자이너도 일하고 있습니다.
자사공장도 갖고 있습니다.

*じしゃこうじょう 자사공장↔したうけこうじょう 하청공장
지샤 코-죠- 시타우케 코-죠-

관련 용어

=スタートオークション:스타트옥션
스타-토 오-쿠숑
(START AUCTION 시작경매)
=ウェブマスター: 웹마스터
웨브 마스타-
=サーバー: 서버(SERVER)
사-바-
=ソルーション: 솔루션(SOLUTION)
소루-숑
=コンテンツ: 콘텐츠(CONTENTS)
콘텐츠
=ワイヤレスキーボード: 와이어레스 키보드
와이야레스 키-보-도
(무선키보드 WIRELESS KEYBOARD)
=ダウンロード: 내려받기(DOWNROAD)
다운 로-도

제12과

납기

(1)샘플
(2)본생산
(3)납기약속
(4)운송(うんそう 運送)

(1) 본문

バイヤー：せいさんはいつおわりますか。
바이야-： 세이상와 이츠 오와리마스카.

販売社員：
함바이샤잉:

こんしゅういっぱいかかるとおもいます。
콘슈- 입빠이 카카루토 오모이마스.

バイヤー：おわりしだいにたっきゅうびん
바이야-： 오와리시다이니 탁큐-빙데

(宅急便)でおくってください。
오쿧테 쿠다사이.

販売社員：はいそうだい(配送代)は
함바이샤잉： 하이 소-다이와

ちゃくばら(着払)いですよ。
챠쿠바라이데스요.

バイヤー：はい、わかっています。
바이야-： 하이, 와칻테 이마스.

もしいちにち(一日)でもおくれるなら、
모시 이치니치데모 오쿠레루나라,

あらかじめれんらく(連絡)してください。
아라카지메 렌라쿠시테 쿠다사이.

販売社員：はい、ごしじ(指示)どうりにします。
함바이샤잉： 하이, 고시지 도-리니 시마스.

생산은 언제 끝납니까.
이번 주 쭉 걸린다고 합니다.
끝나는 대로 택배로 보내주십시오.
배송료는 착불이에요.
네, 알고 있습니다. 만약 하루라도 늦어지면,
미리 연락해 주십시오.
네, 지시 대로 하겠습니다.

해설

～と:~(라)고 라는 뜻으로 무엇을 인용할 때 쓴다.
~토

バイヤー: このものはホテルにおくってください。
바이야-: 코노모노와 호테루니 오쿤테 쿠다사이.

販売社員: はい、わかりました。どこにとまっていますか。
함바이샤잉: 하이, 와카리마시다. 도코니 토맏테 이마스카.

バイヤー: ソウルホテルですが、
바이야-: 소우루 호테루데스가,

へやばんごうは １２３４号です。
헤야 방고-와 이치니산시고-데스.

もしぼくがいなければ、
모시 보쿠가 이나케레바,

フロントデスクにあず(預)けてください。
후론토 데스크니 아즈케테 쿠다사이.

インボイスもちゃんとじゅんびしてください。
임보이스모 챤토 즁비 시테 쿠다사이.

이 물건은 호텔로 보내 주십시오.
네, 알았습니다. 어디에 머물고 계십니까.
서울호텔입니다만, 방번호는 1234호입니다.
만약 내가 없으면 프론트데스크에 맡겨 주십시오.
인보이스(INVOICE 상업송장)도 잘 준비해 주십시오.

ぼく:나　ちゃんと : 정확히, 빈틈없이
보쿠　챤토

(2) 반복하기

⇒しなもののしゅっか(出荷)はいつですか。
사나모노노 슈카와 이츠데스카.
せいひんシッピングはいつですか。
세이힌 십핑구와 이츠데스카.
オンボードはいつですか。
옴보-도와 이츠데스카.
いつひこうきにのせますか。
이츠 히코-키니 노세마스카.

물건출하는 언제입니까.
제품 선적(SHIPPING)은 언제입니까.
선적(ON BOARD)은 언제입니까.
언제 비행기에 태울 수 있습니까.

⇒ほんばんがみっか(3日)ぐらい
홈방가 믹카 쿠라이
おくれるかもしれません。
오쿠레루카모 시레마셍.
のうきがとおか(10日)ぐらい
노-키가 토-카 쿠라이
おそくなるかもしれません。
오소쿠 나루카모 시레마셍.
ふなずみがいつか(5日)ほどおくれるかもしれません。
후나즈미가 이츠카 호도 오쿠레루카모 시레마셍.

본생산이 3일 정도 늦어질지도 모릅니다.
납기가 10일 정도 늘어질 지도 모릅니다.
선적이 5일 정도 늦어질지도 모릅니다.

⇒のうきをみっか（３日）ぐらいのば(延)してください。
노-키오 믹카 구라이 노바시테 쿠다사이.
シッピングデートを
십핑구 데-토오
いっしゅうかん(一週間)えんちょうしてください。
잇슈-캉 엔쵸- 시테 쿠다사이.
のうきをはつか（２０日）までにのばしてください。
노-키오 하츠카 마데니 노바시테 쿠다사이.

납기를 3일 정도 연기해 주십시오.
선적일자(SHIPPING DATE)를 1주일간
연장해 주십시오.
납기를 20일까지 연기해 주십시오.

ーいったいなにをいってるんですか。
잍타이 나니오잍테룬데스카.
도대체 무슨 말이예요.

⇒スピードポストではっそう(発送)します。
스피-도 포스토데 핫소- 시마스.
ひこうきびん(便)でおくります。
히코-키빈데 오쿠리마스.
DHLでそうふします。
DHL데 소-후시마스.

스피드 포스트로 발송하겠습니다.
비행기편으로 보내겠습니다
DHL로 송부하겠습니다.

⇒うんちん(運賃)はにほんばらいです。
운칭와 니홈바라이데스.
はっそうだいはかんこくばらいです。
핫소-다이와 캉코쿠 바라이데스.
フレートチャージはむこうばらいです。
후레-토 챠-지와 무코- 바라이데스.

운임은 일본부담입니다.---수입자 부담이라는 뜻
발송비는 한국부담입니다.---판매자부담이라는 뜻
운임(FREIGHT CHARGE)은 저쪽(일본)부담입니다.

⇒あらかじめれんらくしてください。
아라카지메 렌라쿠 시테 쿠다사이.
まえもっ(前以)てれんらくしてください。
마에몯테 렌라쿠 시테 쿠다사이.
まえもってしらせてください。
마에몯테 시라세테 쿠다사이.

미리(=사전에) 연락해 주십시오.
미리 연락해 주십시오.
미리 알려 주십시오.

관련 용어

プリペード:선불(PREPAID)↔コレクト:현지수금(COLLECT)
프리페-도 코레쿠토

エクスファックトリー:
에쿠스 확쿠토리-

공장도(EX-FACTORY: 물건을 파는 사람이 사는 사람에게 공장에서 가져가도록 하는 것), 일반적으로 출하 라는 뜻으로 쓴다.

カーゴ: 화물(CARGO)
카-고

コンテナー: 콘테이나(COTAINER)
콘테나-

ノーマルボート: 보통배(NORMAL BOAT)
노-마루 보-토

フェリー: 페리(FERRY)
훼리-

エルシー-:신용장(L/C; LETTER OF CREDIT)
에루 시

レシート:영수증(RECEIPT)
레시-토

キャッシュ:현금(CASH)
캿슈

제13과

견본실(패턴제작)

(1)요척 (2)형지제작 (3)재단 (4)생산수량

(1) 본문

バイヤー：これはオリジナルパターン
바이야-: 코레와 오리지나루 파타-ㄴ
(DRIGINAL PATTERN)ですが、
데스가,
さんこう(参考)にしてください。
상코-니 시테 쿠다사이.
販売社員: すごくシャープなかたがみ(型紙)ですね。
함바이샤잉: 스고쿠 샤-푸나 카타가미 데스네.
バイヤー：そうです。きれいで、
바이야-: 소-데스. 키레이데,
せいかくにさくせいしたでしょう。
세이카쿠니 삭쿠제-시타데쇼-.
販売社員：そのとうりです。
함바이샤잉: 소노토-리데스.
せん(線)がほそくて、するどいですね。
셍가 호소쿠테 스루도이데스네.
バイヤー：じゃなければ、きれいな服が
바이야-: 쟈나케레바, 키레이나 후쿠가
つくれませんからね。
츠쿠레마셍카라네.

이것은 원형지인데, 참고로 해 주십시오.
굉장히 정교(SHARP)한 형지군요.
그렇습니다. 깨끗하고, 정확하게 제작한 것이겠지요.
그대로입니다. 선이 가늘고 정교하군요.
그렇지 않으면 예쁜 옷을 만들 수 가 없으니까요.

해설

パターン: 형지, 옷을 만들기 위해 떠놓은 본
파타-ㄴ
~じゃなければ:~(이)가 아니면 (=~ではなければ)
~쟈나케레바 ~데와나케레바
きれいな:1.깨끗한 2. 예쁜
키레이나
원형 きれいだ: 1 깨끗하다 2 예쁘다
키레이다
예)きれいなみほんしつ 깨끗한 견본실
키레이나 미혼시츠
きれいなおんな 예쁜 여자
키레이나 온나

(2) 반복하기

⇒ 1ちゃく(着)にようじゃく(用尺, 要尺)はどのくらいいりますか。
잇챠쿠니 요-쟈쿠와 도노쿠라이이리마스카.
1まいにヤーデジ(YARDAGE)はどのくらいいりますか。
이치마이니야-데지와 도노쿠라이 이리마스카.

1벌에 요척은 어느 정도 필요합니까.
1장에 요척은 어느 정도 필요합니까.

*요척---옷을 만들 때 필요한 소요량

－４４インチはば(幅)で5ヤードいります。
욘쥬-욘-인치 하바데 고야-도 이리마스.
３０インチはば(幅)でロスこみで、8ヤードです。
산쥬-인치 하바데 로스코미데, 하치야-도데스.
みみぬきではかってください。
미미누키데 하칸테 쿠다사이.

44인치 폭으로 5야드가 필요합니다.
30인치 폭으로 로스(LOSS)넣고, 8야드가 필요합니다.
귀퉁이(원단 양쪽 끝)는 빼고 재 주십시오.

⇒ぬいしろは６ミリにしてちょうだい。
누이시로와 로쿠미리니시테 쵸-다이.
サイズはMすんをさくせいしてください。
사이즈와 에무승오 삭쿠세- 시테 쿠다사이.
シャーリングもたくさんいれてほしいよ。
샤-링구모 탁상 이레테 호시-요.

시접은 6밀리로 해줘.
사이즈는 M칫수를 제작해 주십시오.

*시접-박음질 할 때 옷감과 옷감사이에 주는 여유분

⇒パターンはてさぎょう(手作業)ですか。
파타-ㄴ와 테사교-데스카.
パターンはCADでつくりますか。
파타-ㄴ와 CAD데 츠쿠리마스카.

형지는 수작업입니까.
형지는 CAD로 만듭니까.

カナダせいのPADをつかっています。
카나다세이노 PAD오 츠칸테 이마스.
にほんせいのYUKAをつかっています。
니혼세이노 YUKA오 츠칸테 이마스.

캐나다제 PAD를 사용하고 있습니다.
일본제 YUKA를 쓰고 있습니다.

⇒さいだんしてからはまいすう(枚数)を
사이단시테카라와 마이스-오
しらせてください。
시라세테 쿠다사이.
さいだんまいすうをすばやくしらせてください。
사이담마이스-오 스바야쿠 시라세테 쿠다사이.

재단하고나서는 장수를 알려 주십시오.
재단매수를 재빨리 알려 주십시오.

⇒いろちがいがでないようにナンバー
이로치카이가 데나이요-니 남바-
リングをちゃんとしなければなりません。
링구오 챤토 시나케레바 나리마셍.
いろちがいをさけるためにナンバー
이로치가이오 사케루 타메니 남바-
リングをちゃんとしなければなりません。
링구오 챤토 시나케레바 나리마셍.
ナンバーリングをしっかりしなさい。
남바-링구오 식카리 시나사이.

이색이 나오지 않도록 넘버링을 확실히 해야 합니다.
이색을 피하기 위해 넘버링을 확실히 해야 합니다.
넘버링을 확실히 하세요.

*넘버링-한 장의 옷을 만들 때 재단한 각기 조각의
색깔이 같도록 표시해 붙이는 스틱커부착작업.

⇒チョークマークはきれいになくしてください。
쵸-쿠 마-크와 구레이니 나쿠시테 쿠다사이.
チョークマ-クのあと(跡)はスプレーでけしてちょうだい。
쵸-쿠 마-크노아토와 스프레-데 케시테 쵸-다이.

분필자국(CHALK MARK)은 깨끗이 없애 주십시오.
분필 흔적은 스프레이(SPREY)로 지워 주십시오.

⇒これはなおしみほんです。
코레와 나오시 미혼데스.
これはしゅうせい(修正)みほんです。
코레와 슈-세이 미혼데스.
これはオリジナルみほんです。
코레와 오리지나루 미혼데스.

이것은 고친견본입니다.
이것은 수정견본입니다.
이것은 원견본입니다.

관련 용어

パターンナー파타-ㄴ나- : 패턴사
まきじゃく마키쟈쿠 : 줄자
にぎりはさみ니기리하사미 : 쪽가위
ダーツ다-츠 : 다츠(DARTS)
ファスナー화스나- : 지퍼(FASTNER)
た(裁)ちだい(台) 타치다이 : 재단대

본생산

(1)자가공장 (2)하청 (3)해외생산 (4)개성공단

(1) 본문

バイヤー: こうじょう(工場)はどこにありますか。
바이야-: 코-죠-와 도코니 아리마스카.
販売社員: こうじょうはこのちかくにあります。
함바이샤잉: 코-죠-와 코노치카쿠니 아리마스.
あるいて、5分かかりますが。
아루이테, 고훙카카리마스가.
バイヤー:ちかくてべんりですね。
바이야-: 치카쿠테 벤리데스네.
販売社員:はい、そうです。
함바이샤잉: 하이, 소-데스.
バイヤー:じかこうじょうですか。
바이야-: 지카코-죠-데스카.
販売社員:はい、じかこうじょうもありますし、
함바이샤잉: 하이, 지카코-죠-모 아리마스시,
したうけも つかっています。
시타우케모 츠캇테 이마스.
ぶひん(部品)はとなりのしたうけこうじょうでやって、
부힝와 토나리노 시타-케코-죠-데 얃테,
ぬ(縫)いあわせとしあげはじかこうじょうでします。
누이아와세토 시아게와 지카코-죠-데 시마스.

공장은 어디에 있습니까.
공장은 이 근처에 있습니다.
걸어서 5분 걸립니다만.
가까워서 편리합니다.
네, 그렇습니다.
자가공장입니까.
네, 자가공장도 있고, 하청공장도 쓰고 있습니다.
부품은 근처 하청공장에서 하고, 합봉과 마무리는
자가공장에서 합니다.

(2) 반복하기

⇒こうじょうはちゅうごく(中国)にあります。
코-죠-와 츄-고쿠니 아리마스.
こうじょうはきたちょうせん(北朝鮮)のヶソン(開城)にあります。
코-죠-와 키타쵸-센노 케손니 아리마스.
こうじょうはソウルしない(市内)にあります。
코-죠-와 소우루 시나이니 아리마스.

공장은 중국에 있습니다.
공장은 북한의 개성에 있습니다.
공장은 서울시내에 있습니다.

⇒ちかくありません。(＝ちかくないです。)↔ちかいです。.
치카쿠아리마셍. 치카쿠나이데스. 치카이데스

おおくありません。(＝おおくないです。)↔おおいです。
오-쿠 아리마셍. 오-쿠나이데스. 오-이데스.

おおきくありません。(＝おおきくないです。)↔おおきいです。
오-키쿠 아리마셍. 오-키나이데스. 오-키이데스.

가깝지 않습니다.(=가깝지 않습니다.)↔가깝습니다.
많지 않습니다.(많지 않습니다.)↔많습니다.
크지 않습니다.(크지 않습니다.)↔큽니다.

⇒けんぴんとしあげはじかこうじょうでします。
켑핑토 시아게와 지카 코-죠-데 시마스.

ぶひんはしたうけでつくります。
부힝와 시타우케데 츠쿠리마스.

さいだんだけじかこうじょうでやって、
사이단다케 지카코-죠-데 얏테,

ほうせいはがいちゅうです。
호-세이와 가이츄-데스.

검품과 마무리는 자가공장에서 합니다.
부품은 하청공장에서 합니다.
재단만 자가공장에서 하고, 봉제는 외주입니다.

⇒こんぽうはじかこうじょうでやります。
콤포-와 지카코-죠-데 야리마스.
ほうそうはがいちゅう(外注)です。
호-소-와 가이츄-데스.
パッキングはしたうけでします。
팍킹구와 시타우케데 시마스.

포장은 자가공장에서 합니다.
포장은 외주입니다.
포장(PACKING)은 하청공장에서 합니다.

⇒キャパはどのぐらいですか。
캬파와 도노 구라이데스카.
せいさんのうりょく(生産能力)はどのぐらいですか。
세이산노-료쿠와 도노구라이데스카.

생산능력(CAPACITY)은 어느 정도입니까.
생산능력은 어느 정도입니까.

ジャケットベースでにっさん(日産) ２０まいです。
쟈켄토 베-스데 닛산 니쥬-마이데스.
パンツベースでにっさん(日産) １００まいです。
판츠 베-스데 닛상 햐쿠마이데스.
ワンピースベースでげっさん(月産)1,5 00まいです。
왐 피-스 베-스데 겟상 센고햐쿠마이데스.

자켓베이스로 일산(일일생산량) 20장입니다.
바지베이스로 일산 100장입니다.
원피스베이스로 월산(월생산량) 1,500장입니다.

⇒ピースバイピースけんぴん（検品）をします。
피-스 바이 피-스 켐핑오 시마스.
ランダムけんぴんをします。
란다무 켐핑오 시마스.
けんぴんはりゃく（略）します。
켐핑와 랴쿠 시마스.

한 장 한 장(PIECE BY PIECE) 검품입니다.
무작위(RANDAM)추출검사입니다.
검사는 생략하겠습니다.

⇒ケアラベルはわきのひだりがわ（左側）に
케아라베루와 와키노 히다리가와니
さしこんでください。
사시콘데 쿠다사이.
せんたくひんしつ（洗濯品質）ラベルはわきのひだりがわ
센타쿠 힌시츠 라베루와 와키노히다리가와니
（左側）にさしこんでください。
사시콘데 쿠다사이.
げんさんち（原産地）ラベルはわきのひだりがわ（左側）
겐산치 라베루와 와키노히다리가와니
にさしこんでください。
니 사시콘데 쿠다사이.
タグはまえみごろのみぎがわ（右側）につけてください。
타구와 마에미고로노 미기가와니 츠케테 쿠다사이.

케어라벨(CARE LABEL)은 옆구리 왼쪽에 끼어 박아 주십시오.
세탁품질라벨은 옆구리 왼쪽에 끼어 박아 주십시오.
원산지라벨은 옆구리 왼쪽에 끼어 박아 주십시오.
택(TAG)은 앞판 오른쪽에 달아 주십시오.

관련 용어

さいだん(裁断) 사이당 : 재단
ほうせい(縫製) 호-세- : 봉제, 박음질
カッテイングぢ칸팅구 : 커팅, 재단(CUTTING)
アイロン아이롱 : 아이론(IRON)
ラッピング랍핑구 : 포장(WRAPPING)
T/S システム시스테무 : 토요타 봉제 시스템
(TOYOTA SEWING SYSTEM) 한 사람의 미싱사가 전공정을 다 맡아서 박음질하여 만드는 것. ↔라인(LINE)작업: 여러사람이 각부분을 맡아서 작업하는 공정법.
ポリバッグ포리박구 : 포리백(POLY BAG)
ハングタグ항구타구 : 행택(HANG TAG)
さげふた(下札) 사게후타 : 행택(HANG TAG)
ネームラベル네-무 라베루 : 브랜드상표
C/O: 원산지(COUNTRY OF ORIGIN)의 약자이다.

서류(선적서류)

(1) 본문

バイヤー: これハンドキャリーしますが、
바이야-: 코레 한도캬리- 시마스가,
つうかん(通関)のためにインボイスを
츠-칸노 타메니 인보이스오
か(書)いてください。
카이테 쿠다사이.
販売社員: はい、しばらくおまちください。
함바이샤잉: 하이, 시바라쿠 오마치 쿠다사이.
よういします。
요-이시마스.
バイヤー: ノーコマーシャルベースと
바이야-: 노-코마-샤루베-스토
かきこんでね。
카키콘데네.

이것 가지고 갈(HAND CARRY)테니까, 통관을 위해 상업송장을 써 주십시오.
네, 잠시 기다려 주십시오. 준비하겠습니다.
무상(NO COMMERCIAL BASE)이라고 써 넣으라구.

해설

ため타메 : 위함
しばらく시바라쿠: 잠깐

バイヤー:ふなずみしょるいはいつできあがりますか。
바이야-: 후나즈미 쇼루이와 이츠 데키아가리마스카.
販売社員:いま、アソートパッキングだったので、
함바이샤잉: 이마, 아소-토 팍킹구 닫타노데,
リストアップにじかんがかかります。
리스토 압프니 지캉가 카카리마스.
にゅうしゅしだいにすぐそうふします。
뉴-슈 시다이니 스구 소-후시마스.
バイヤー:ねんまつでふねがタイトですので、
바이야-: 넴마츠데 후네가 타이토데스노데,
いそいでくれますか。
이소이데 쿠레마스카.
販売社員:はい、しんぱいしないでください。
함바이샤잉: 하이, 심파이 시나이데 쿠다사이.
おくれないようにがんばります。
오쿠레나이요-니 캄바리마스.

선적서류는 언제 완성됩니까.
지금, 구색을 맞추는 포장이어서 리스트작성하는데
시간이 걸립니다. 입수하는 대로 송부하겠습니다.
연말이어서 배가 빡빡(TIGHT)하므로 서둘러 주[illegible]니까.
네, 걱정하지 말아 주십시오.
늦지 않도록 분발하겠습니다.

해설

ふなずみ: 선적
후나즈미
くれます:주십니다 (원형)くれる: 주다
쿠레마스　　　　　　　　쿠레루
～ように:~하도록의 뜻으로 소원, 소망을 말한다.
요-니
がんばります:분발하겠습ㄴ 다
감바리마스
원형
がんば(頑張)る:분발하다
감바루
～ますな: (하)지 마십시오 라는 뜻으로 ます형+な
~마스나　　　　　　　　　　　　　　마스　　나
--금지형

예)しますな(하지 마십시오---높임말)
시마스나
するな: (하)지마 라는 뜻으로 원형--금지형
스루나
예)のむな:마시지 마.
노무나
アルコールをのむな。알콜을 마시지 마.
아루코-루오　　노무나.
アルコールをのみますな。알콜을 마시지 마세요.
아루코-루오　　노미마스나.

(2) 반복하기

⇒しばらくおまちください。
시바라쿠 오마치 쿠다사이.

すこしおまちください。
스코시 오마치 쿠다사이.

しょうしょう(少々)おまちください。
쇼- 쇼- 오마치 쿠다사이.

ちょっとおまちください。
춋토 오마치 쿠다사이.

잠시만 기다려 주십시오.
조금 기다려 주십시오.
잠깐만 기다려 주십시오.
잠깐 기다려 주십시오.

⇒かぞくのためにいっしょうけんめい(一生懸命)にはたらきます。
카조쿠노 타메니 잇쇼-켐메이니 하타라키마스.

かのじょのためにてがみをかきます。
카노죠노 타메니 테가미오 카키마스.

かれしのためにはがきをおくりました。
카레시노 타메니 하가키오 오쿠리마시타.

가족을 위해 열심히 일하고 있습니다.
그녀를 위해 편지를 씁니다.
그 남자를 위해 그림엽서를 보냈습니다.

⇒こども(子供)のひ(日)むけのしなものです。
코도모노히 무케노 시나모노데스.
おぼんやすみむけのしょうひんです。
오봉야스미 무케노 쇼-힌데스.
おしょうがつむけのものです。
오쇼-가츠 무케노 모노데스.
にほんむ(日本向)けのしょうひんです。
니혼 무케노 쇼-힌데스.

어린이날(판매)용 물건입니다.
오봉날(양력 8월 15일)용 상품입니다..
설날용 물건입니다.
일본(수출)용 상품입니다.

⇒ねんまつなので、こんざつ(混雑)します。
념마츠나노데, 콘자츠시마스.
まつじつなので、こんでいます。
마츠지츠나노데, 콘데 이마스.
まつじつなので、タイトです。
마츠지츠나노데, 타이토데스.

연말이므로, 혼잡합니다.
말일이므로, 혼잡합니다.
말일이므로, 빡빡(TIGHT)합니다.

⇒しきゅうe-メールでへんじ(返事)してください。
시큐-이메-루데 헨지 시테 쿠다사이.

おりかえしファックスで、へんじおねがいします。
오리카에시 확크스데, 헨지 오네가이시마스.

おりかえしファックスで、かいとう(回答)してちょうだい。
오리카에시 확크스데, 카이토- 시테 쵸-다이.

すばやくe-メールでこた(答)えていただけますか。
스바야쿠 이메-루데 코타에테 이타다케마스카.

지금 이메일로 답변해 주십시오.
받은 즉시 곧 팩스로 답변 부탁합니다.
받은 즉시 곧 팩스로 회답해 줘.
재빨리 이메일로 회답해 줄 수 있습니까.

⇒しょるいはにゅうしゅしだいにおおくりします。
쇼루이와 뉴-슈시다이니 오-쿠리시마스.

しょるいはできあがりしだいにおおくりします。
쇼루이와 데키아가리시다이니 오-쿠리시마스.

しょるいはそろえしだいにおおくりします。
쇼루이와 소로에시다이니 오-쿠리시마스.

서류는 입수하는 대로 보내겠습니다.
서류는 완성되는 대로 보내겠습니다.
서류는 갖춰지는 대로 보내겠습니다.

관련(패션)용어

めいさいしょ메이사이쇼: 명세서(明細書)

うちわけしょ우치와케쇼: 내역서(内訳書)

りょうしゅうしょ료-슈-쇼: 영수증(領収書)

むしょう(無償) 무쇼-: 무상↔

ゆうしょう 유-쇼-: 유상(有償)

ノーコマーシャルベース노-코마-샤루베-스: 무상(NO COMMERCIAL BASE)↔ コマーシャルベース코마-샤루베-스: 유상(COMMERCIAL BASE) B/L: 선하증권(BILL OF LADING), ふなにしょうけん(船荷証券)후나니쇼-켕

제16과

상담 약속하기

(1) 본문

販売社員: らいしゅう(来週)、
함바이샤잉: 라이슈-,

日本出張のよてい(予定)です。
니혼슛쵸-노 요테이데스.

十日,おんしゃによりたいんですが、
토-카, 온샤니 요리타인데스가,

つごうはいかがですか。
츠고-와 이카가데스카.

バイヤー: はい、
바이야-: 하이,

いまのところはべつにアポはありません。
이마노토코로와 베츠니 아포와 아리마셍.

販売社員: そうしたら、ごぜん１０じに
함바이샤잉: 소-시타라, 고젱 쥬-지니

じむしょにうかがいますが、よろしいでしょうか。
지무쇼니 우카가이마스가, 요로시-데쇼-카.

バイヤー: はい、けっこうです。
바이야-: 하이, 켁코-데스.

たのしみにまっています。
타노시미니 맏테 이마스.

ところが、ばしょはわかりますか。
토코로가, 바쇼와 와카리마스카.

販売社員:よくわかりません。
함바이샤잉: 요쿠 와카리마셍.

ちかてつのいくみちをおしえてください。
치카테츠노 이쿠미치오 오시에테 쿠다사이.

バイヤー:どのホテルにとまりますか。
바이야-: 도노호테루니 토마리마스카.

販売社員:しんじゅくにあるプリンスホテルですが。
함바이샤잉: 신쥬쿠니 아루 프린스호테루데스가.

バイヤー:ちかてつにのればすぐです。
바이야-: 치카테츠니 노레바 스구데스.

とうきょうについてから、でんわ(電話)ちょうだい。
토-쿄-니 츠이테카라, 뎅와 쵸-다이.

내주, 일본출장예정입니다.
10일날, 귀사에 들리고 싶은데, 형편은 어떻습니까.
네, 현재로써는 별다른 약속(APOINT)이 없습니다.
그러면 오전 10시에 사무실로 가려는데, 괜찮을까요.
네, 좋습니다. 즐거운 마음으로 기다리고 있겠습니다.
그런데, 장소는 아십니까.
잘 모릅니다. 지하철로 가는 길을 가르쳐 주십시오.
어느 호텔에 묵으십니까.
신주쿠에 있는 프린스호텔입니다.
지하철을 타면 곧 바롭니다.
도쿄에 도착하면, 전화 주세요.

해설

~たい:~하고 싶다 라는 뜻으로 소망을 뜻한다.
타이

예)サンプルをちゅうもんしたい
삼푸루오 츄-몬 시타이

いかがですか:어떻습니까.(=どうですか)
이카가데스카 도-데스카

べつに:
베츠니

1 별로, 특별히(뒤에 부정이 온다)
2 따로

예)べつにようじはない。 특별히 용건은 없다.
베츠니 요-지와 나이.

べつにもうしあげますと。별도로 말씀드리자면.
베츠니 모-시아게마스토.

うかがいます: 방문하겠습니다
우카가이마스

원형

うかがう:1 찾다, 방문하다 2 묻다
우카가우

예)わたしがうかがいます。 제가 찾아가겠습니다.
와타시가 우카가이마스.

ひと(一)つうかがいます。하나 묻겠습니다.
히토츠 우카가이마스.

ところが、: 그런데, 그러나
토코로가,

~て(で)から: ~(하)고 나서
~테(데)카라

관련 용어

アポイント : 약속(APOINT) 아포인토

ミーティング : 회의(MEETING) 미-팅구

ブッキング : 예약(BOOKING) 북킹구

リザーブ:예약(RESERVE) 리자-브

キャンセル : 취소(CANCEL) 캰세루

제17과

일본유행

(1)도쿄　(2) 오사카

(1) 본문

販売社員: さいきん(最近)にほんでは
함바이샤잉: 사이킹　니혼데와
どんなスタイルがはやっていますか。
돈나　스타이루가　하얏테　이마스카.
バイヤー: あきものはやはり2%スパンいりの
바이야-:　아키모노와　야하리　니파-센토스팡이리노
デニムでつくったものです。
데니무데　츠쿧타모노데스.
それに,うすいきじにアンバランスのもんよう(文様)
소레니,　우스이키지니　안바란스노　몽요-
ししゅう(刺繍)いりです。
시슈-　이리데스.
販売社員:なるほど。ながさは七分がにんきです。
함바이샤잉: 나루호도.　나가사와　시치부가닝키데스네.
バイヤー:そうですね。
바이야-:　소-데스네.
きじはだんだんうすくて、かるいものがにんきです。
키지와　단당　우스쿠테.　카루이모노가　닝키데스.
販売社員:どうしてですか。
함바이샤잉: 도-시테데스카.
バイヤー:いじょうきしょう(異常気象)で、
바이야-:　이죠-키쇼-데,
ふゆにもあたた(暖)かくなったからです。
후유니모　아타타카쿠　낟타카라데스.

최근 일본에서는 어떤 스타일이 유행하고 있습니까.
겨울상품은 역시 2%스펀이 들어간 데님(DENIM)으로 만든 물건입니다.
게다가, 얇은 원단에 언발란스(UNBALANCE)무늬자수가 들어간 것입니다.
과연, 길이는 7부가 인기입니다.
그렇군요. 원단은 점점 얇아지며, 가벼운 것이 인기입니다.
왜, 그렇습니까.
이상기온으로, 겨울에도 따뜻해졌기 때문입니다.

해설

どんな: 어떠한
돈나
예)キムさんはどんなひとですか。
키무상와 돈나히토데스카.
김씨는 어떤 사람입니까.

ーおとなしくてえいごがうまいひとです。
오토나시쿠테 에이고가 우마이히토데스.
점잖하고 영어를 잘 하는 사람입니다.

なんの : 무슨
난노
すずき(鈴木)さんはなんのせんせいですか。
스즈키상와 난노센세-데스카.
스즈키씨는 무슨 선생님입니까.
ーにほんごのせんせいです。
니홍고노 센세-데스.
일본어 선생님입니다.

なるほど:
나루호도
과연 이라는 뜻으로 남의 말에 긍정하거나 맞장구를 칠 때 쓴다.
예)なるほどうまい。과연 잘한다, 과연 맛있다.
나루호도 우마이.
もん:もの모노가 변한 말씨이다.
몽
どうして:왜, 어째서(=なぜ : 왜, 어째서)
도-시테 나제

(2) 반복하기

⇒さいきんにほんではどんなスタイルがはやっていますか。
사이킹 니혼데와 돈나스타이루가 하얀테 이마스카.
このごろにほんではどんなスタイルがはやっていますか。
코노고로 니혼데와 돈나스타이루가 하얀테 이마스카.
ちかごろにほんではどんなスタイルがはやっていますか。
치카고로 니혼데와 돈나스타이루가 하얀테 이마스카.

최근 일본에서는 어떤 스타일이 유행하고 있습니까.
요즈음 일본에서는 어떤 스타일이 유행하고 있습니까.
요즈음 일본에서는 어떤 스타일이 유행하고 있습니까.

⇒わかものにはクラシックふうと
　와카모노니와　쿠라식쿠후-토

ミリタリールックがはやっています。
미리타리-　룩쿠가　하얏테　이마스.

ヤングにはクラシックふうとミリタリールックが
양구니와　쿠라식쿠후-토　미리타리-룩쿠가

はやっています。
하얏테　이마스.

わかいれんちゅうにはクラシックふうとミリタリールックが
와카이　렌츄-니와　쿠라식쿠후-토　미리타리-룩쿠가

はやっています。
하얏테　이마스.

젊은이에게는 클래식(CLASSIC)풍과 밀리터리룩이 유행하고 있습니다.
젊은이(YOUNG)에게는 클래식풍과 밀리터리룩이 유행하고 있습니다.
젊은 무리들에게는 클래식풍과 밀리터리룩이 유행하고 있습니다.

⇒かのじょがきているふくはすごくすばらしいですね。
　카노죠가　키테이루후쿠와　스고쿠　스바라시-데스네.

かのじょがきているふくはすごくすてきですね。
카노죠가　키테이루후쿠와　스고쿠　스테키데스네.

かのじょがきているふくはすごくおしゃれですね。
카노죠가　키테이루후쿠와　스고쿠 오샤레데스네.

그녀가 입고 있는 옷은 굉장히 멋있군요.
그녀가 입고 있는 옷은 굉장히 멋있군요.
그녀가 입고 있는 옷은 굉장히 세련되었군요.

⇒かれのようふくとネクタイはよくにあ(似合)いますね。
카레노 요-후쿠토 네쿠타이와 요쿠 니아이마스네.

かれのふく(服)とくつはよくにあ(似合)いますね。
카레노 후쿠토 쿠츠와 요쿠니아이마스네.

かのじょのてぶくろとハンドバッグはよく
카노죠노 테부쿠로토 한도박쿠와 요쿠

にあ(似合)いますね。
니아이마스네.

그 남자의 양복과 넥타이는 잘 어울리는군요.
그 남자의 양복과 구두는 잘 어울리는군요.
그녀의 장갑과 핸드백은 잘 어울리는군요.

관련(패션)용어

ビンテージルック: 빈티지 룩크(VINTAGE LOOK)
빈테-지 룩쿠

マッチ: 매치(MATCH)
맛치

カラートレンド: 칼라트렌드(COLOR TREND)
카라- 토렌도

カラーコーディネート: 칼라코디네이트(COLOR CORDINATE)
카라- 코디네-토

ハーフパンツ、ショートパンツ: 반바지(HALF PATS),
하-프 판츠, 쇼-토 판츠 짧은 바지(SHORT PANTS)

レイヤード スタイル: 겹겹이 쌓은 것(LAYORD)
레이야-도 스타이루

レギンス: 발등을 덮는 것(LEGGINGS)
레긴스

<참고>

일본시장조사 → 패션거리

일본의 패션을 리드해 가는 지역

(1)토쿄(東京)

1)시부야:

파루코백화점, 세이부백화점, 109빌딩---토탈패션,
유니클로---의류토탈, 펄스트서점---패션잡지(시부야풍)

2)하라주쿠:

다케시타도리---토탈패션

3)신주쿠:

이세탄백화점, 마루이백화점, 케이오백화점,
오타큐백화점
알타빌딩--토탈패션
오쿠보,쇼쿠안도리(코리아타운)---토탈

4)이케부쿠로: 선샤인빌딩---토탈패션

5)긴자 : 미츠코시백화점, 세이부백화점,
마츠야백화점, 시세도---화장품,
와싱톤---구두
소니---전자전기
하쿠힌칸---어린이용품

6)바쿠로요코야마 거리--의복 완제품, 소재, 액세사리

7)닛포리----------------------------의복, 소재

8)아사쿠사바시----------------------------잡화

9)오카치마치----------------------------귀금속

10)아사쿠사----------------------------신발, 피혁

11)아사쿠사바시---------완구, 인형, 문구, 전통공예

12)구라마에----------------------------가방, 벨트

13)우에노: 아메야요코쵸------------------재래시장

14)진보쵸-----------------------서점거리,패션잡지

(2)오사카(大阪)

1)혼마치: 센터빌딩------------------의류토탈패션

2)신오사카: 센이시티----------------의류토탈패션

3)신사이바시----------------------------토탈패션

4)우메다-------------------------------토탈패션

5)니폰바시-------------전자, 전기, 조명, 인테리아

6)츠루하시(코리아타운)------------------재래시장

제18과

패션잡지

(1) 본문

バイヤー: ファッションざっし(雑誌)は
바이야-: 홧숀 잣시와
なにをさんこう(参考)にしますか。
나니오 상코-니 시마스카.
販売社員: はい、そうえん(装苑)、モア、
함바이샤잉: 하이, 소-엥, 모아,
キャンキャムなどいろいろ(色々)です。
캉캬무나도 이로이로데스.
バイヤー:おおいですね。そのなかで、
바이야-: 오-이데스네. 소노나카데,
キャンキャムはとうしゃのコンセプトとぴったりでので、
캰캬무와 토-샤노 콘세프토 삔타리데스노데,
よくくふうしてください。
요쿠 쿠후-시테 쿠-다사이.

패션잡지는 무엇을 참고로 합니까.
네, 소엔(문화복장학원 발행), 모아, 캉캄 등 여러 가지입니다.
많군요. 그 중에서도 캉캄은 당사의 컨셉프트와 딱 맞으니까,
잘 연구해 주십시오.

해설

ぴったり : 꼭, 딱(들어 맞다)
삔타리

(2) 반복하기

⇒ファッションざっし(雑誌)はなにをさんこう(参考)にしますか。
확숀 잣시와 나니오 상코- 니시마스카.

ファッションざっし(雑誌)はなにをよんでいますか。
확숀 잣시와 나니오 욘데 이마스카.

ファッションざっし(雑誌)はなにをこうどく(購読)しますか。
확숀 잣시와 나니오 코-도쿠시마스카.

패션잡지는 무엇을 참고로 합니까.
패션잡지는 무엇을 읽고 있습니까.
패션잡지는 무엇을 구독하고 있습니까.

⇒マガジンのないよう(内容)がぜんぶわかりますか。
마가진노 나이요-가 젬부 와카리마스카.

マガジンのないようがぜんぶよめますか。
마가진노 나이요-가 젬부 요메마스카.

マガジンのないようをよむことができますか。
마가진노 나이요-오 요무코토가 데키마스카.

잡지(MAGAZINE)의 내용을 전부 이해합니까.
잡지(MAGAZINE)의 내용을 전부 읽을 수 있습니까.
잡지(MAGAZINE)의 내용을 전부 읽을 수가 있습니까.

⇒しゃしんだけみてさんこうにします。
샤신다케 미테 상코-니 시마스.
しゃしんをみてまねをするだけです。
샤싱오 미테 마네오 스루다케데스.
デザインのシルエットだけをさんこうにします。
데자인노 시루엩토다케오 상코-니 시마스.

사진만 보고 참고로 합니다.
사진을 보고 흉내를 내기만 합니다.
디자인의 실루엣만 참고로 합니다.

⇒このざっしのエージグループはいくつですか。
코노잣시노 에-지 구루-푸와 이쿠츠데스카.
このざっしのエージグループはなんさいですか。
코노잣시노 에-지 구루-푸와 난사이데스카.
このざっしのターゲットはいくつですか。
코노잣시노 타-겟토와 이쿠츠데스카.

이 잡지의 연령층(AGE GROUP)은 몇 살입니까.
이 잡지의 연령층(AGE GROUP)은 몇 세입니까.
이 잡지의 타겟(TARGET)은 몇 살입니까

관련(패션)용어

きこなす키코나스 : 어울리다, 맵시있다
コレクション코렉숑: 의상발표회(COLLECTION)
ストリートファッション스토리-토홧숑: 스트리트패션(STREET FASHION)
コギャル코갸루 : 여중생(小GIRL)의 속어
カラフル카라후루: 화려함(COLORFUL)
メーキャップ메-캽푸: 화장(MAKE UP)

제19과

식사하기

(1) 본문

バイヤー: 今、何時ですか。
바이야-: 이마, 난지데스카.

販売社員:もう１２じすぎましたね。
함바이샤잉: 모- 쥬-니지스기마시타네.

バイヤー:いっしょにランチにいきましょうか。
바이야-: 잇쇼니 란치니 이키마쇼-카.

なにがよろしいですか。
나니가 요로시-데스카.

販売社員:わたしはなんでもいいですが。
함바이샤잉: 와타시와 난데모 이-데스가.

バイヤー:そうなら、おすしを食べにいきましょう。
바이야-: 소-나라, 오스시오 타베니 이키마쇼-.

おいしいみせがありますので。
오이시- 미세가 아리마스노데.

販売社員:
함바이샤잉:

わたしもしばらくぶりにおすしがたべたいですね。
와타시모 시바라쿠부리니 오스시가 타베타이데스네.

지금 몇 시입니까.
벌써 12시 지났군요.
같이 점심식사(LUNCH)하러 갈까요.
무엇이 좋습니까.
저는 무엇이든지 좋습니다만.
그러면, 초밥 먹으러 갈까요.
맛있게 하는 가게가 있으니까.
저도 오랜만에 초밥이 먹고 싶군요.

해설

~すぎ: 지나서
스기
~に : ~하러(목적을 나타낸다)
니
~そうなら : 그러면
소-나라

(2) 반복하기

⇒きょうのひがわりメニューはなんですか。
교-노 하가와리 메뉴-와 난데스카.
きょうのスペシャルはなんですか。
교-노 스페샤루와 난데스카.
きょうのおすすめりょうりはなんですか。
교-노 오스스메 료-리와 난데스카.

오늘의 특별 메뉴는 무엇입니까.
오늘의 특별(SPECIAL) 메뉴는 무엇입니까.
오늘의 특별 요리는 무엇입니까.

＊ひがわり히카와리 : 그날의 추천요리

⇒わたしはわしょくがすきです。
와타시와 와쇼쿠가 스키데스.
わたしはかんこくりょうりがすきです。
와타시와 캉코쿠 료-리가 스키데스.
わたしはちゅうかりょうりがすきです。
와타시와 츄-카 료-리가 스키데스.

저는 일식을 좋아합니다.
저는 한국요리를 좋아합니다.
저는 중국요리를 좋아합니다.

⇒ぎゅうどんなみ(並)いっちょう(一丁)、おねがいします。
규-돈 나미 잇쵸-, 오네가이 시마스.
ぎゅうどんおおもり、おねがいします。
규-동 오-모리, 오네가이 시마스.
ぎゅうどんなみ(並)いちにんまえ、おねがいします。
규-돈 나미 이치님마에, 오네가이 시마스.

소고기덮밥 보통 한 그릇 부탁합니다.
소고기덮밥 곱빼기 부탁합니다.
소고기덮밥 보통 1인분 부탁합니다.

⇒キムチがすごくからいですね。
키무치가 스고쿠 카라이데스네.
キムチがすごくしおからいですね。
키무치가 스고쿠 시오카라이데스네.
キムチがすごくみずっぽいですね。
키무치가 스고쿠 미즙포이데스네.

김치가 굉장히 맵군요.
김치가 굉장히 짜군요.
김치가 굉장히 싱겁군요.

⇒ちょうしょくはバイキングです。
쵸-쇼쿠와 바이킹구데스.
ちょうしょくはわていしょくです。
쵸-쇼쿠와 와테이쇼쿠데스.
ちょうしょくはようしょくです。
쵸-쇼쿠와 요-쇼쿠데스.

조식은 뷔페(=바이킹)입니다.
조식은 일본정식입니다.
조식은 양식입니다.

*바이킹---뷔페식의 일본어표현이다.

⇒ごちそうさまでした。
고치소-사마데시타.
おそまつさまでした。
오소마츠사마데시타.

잘 먹었습니다.
변변치 못했습니다.

⇒りょうしゅうしょ(領収書)、おねがいします。
료-슈-쇼, 오네가이 시마스.
レシート、おねがいします。
레시-토, 오네가이 시마스.
おかんじょう(勘定)、おねがいします。
오칸죠-, 오네가이 시마스.

영수증 부탁합니다.
영수증(RECEIPT)부탁합니다.
계산서 부탁합니다.

관련 용어

しょっけん(食券) 쇽켄: 식권
ごはん고항 : 밥
みそしる미소시루 : 된장국
すいもの스이모노 : 마시는 국물
さしみ사시미 : 생선회
おはし오하시 : 젓가락
のり노리 : 김

제20과

전화

(1)걸기 (2)받기 (3)휴대전화로밍

(1) 본문

販売社員: もしもし、
함바이샤잉: 모시모시,
こちらかんこくの東大門のキムですが、
코치라 캉코쿠노 톤데문노 키무데스가,
すずきさんいますか。
스즈키상 이마스카.
女子社員:しょうしょうおまちください。
죠시샤잉: 쇼-쇼- 오마치 쿠다사이.
すぐかわります。
스구 카와리마스.
バイヤー:はい、かわりました。すずきです。
바이야-: 하이, 카와리마시타. 스즈키데스.
販売社員:しばらくぶりです。東大門のキムですが、
함바이샤잉: 시바라쿠부리데스. 통데문노 키무데스가,
おげんきですか。
오겡키데스카.

여보세요, 여기는 한국 동대문의 김입니다만,
스즈키씨 계십니까
잠깐만 기다려 주십시오. 곧 바꾸겠습니다.
네, 전화 바꾸었습니다. 스즈키입니다.
오랜만입니다. 동대문의 김인데, 건강하십니까.

販売社員：もしもし、こちらかんこく東大門のキムですが、
함바이샤잉: 모시모시, 코치라캉코쿠 톤데문노 키무데스가,

すずきさんいますか。
스즈키상 이마스카.

女子社員：すみません。いま、せきをはずしております。
죠시샤잉: 스미마셍. 이마, 세키오 하즈시테 오리마스.

なにかおつたえすることがありますか。
나니카 오츠타에 스루코토가 아리마스카.

販売社員：はい、
함바이샤잉: 하이,

東大門のキムからでんわがあったとつたえてください。
통데문노 키무카라 뎅와가 앗타토 츠타에테 쿠다사이.

女子社員：かしこまりました。まちがいなくおつたえします。
죠시샤잉: 카시코마리마시타. 마치가이나쿠 오츠타에 시마스.

여보세요, 여기는 한국 동대문의 김인데, 스즈키씨 계십니까.
미안합니다. 지금 자리를 뜨고 없습니다.
메시지라도 있습니까.
네, 동대문의 김에게서 전화가 왔었다고 전해 주십시오.
알겠습니다. 틀림없이 전하겠습니다.

해설

しばらく : 오래간만
시바라쿠
せきをはずして : 자리를 뜨고
세키오 하즈시테
はずす : 뜨다, 빗나가다.
하즈스
まちがいなく: 틀림없이
마치가이나쿠
まちがいない : (원형) 틀림없다.
마치가이나이

(2) 반복하기

⇒デザイン室のリさんいらっしゃいますか。
데자인시츠노 리상 이랏샤이마스카.
デザイン室のリさんおられますか。
데자인시츠노 리상 오라레마스카.
デザイン室のリさんいますか。
데자인시츠노 리상 이마스카.

디자인실의 이씨 계십니까.
디자인실의 이씨 계십니까.
디자인실의 이씨 있습니까.

⇒しつれいですが、どなたさまですか。
시츠레이데스가, 도나타사마데스카.
しつれいですが、どちらさまですか。
시츠레이데스가, 도치라사마데스카.

실례지만, 누구십니까.
실례지만, 누구십니까.

⇒いま、がいしゅつ (外出) しています。
이마, 가이슈츠시테 이마스.
いま、でかけています。
이마, 데카케테 이마스.
いま、そとまわりちゅうです。
이마, 소토마와리츄-데스.
いま、るすです。
이마, 루스데스.

지금, 외출중입니다.
지금, 나가있습니다.
지금, 외근중입니다.
지금, 부재중입니다.

* るす : 부재중
루스
るすにする: 집을 비우다
루스니 스루

⇒なんのごよう(用)ですか。
난노 고요-데스카.
なんのごようけん(用件)ですか。
난노 고요-켄데스카.
なんのごようじ(用事)ですか。
난노 고요-지데스카.

무슨 용건입니까.
무슨 용건입니까.
무슨 용건입니까.

⇒また、でんわ(電話)します。
마타, 뎅와 시마스.
また、かけなおします。
마타, 카케나오시마스.
また、でんわ、いれます。
마타, 뎅와, 이레마스.

또, 전화하겠습니다.
또, 다시 걸겠습니다.
또, 전화 넣겠습니다.

⇒なにか、ことづけでもありますか。
나니카, 코토즈케데모 아리마스카.
なにか、でんごん(伝言)でもありますか。
나니카, 뎅공데모 아리마스카.
なんとつたえましょうか。
난토 츠타에마쇼-카.

뭔가, 전할 말씀이라도 있습니까.
뭔가, 전언이라도 있습니까.
뭐라고 전해 드릴까요.

*~でも:
~데모
(이)라도 라는 뜻으로 무엇을 들어서 말할 때 쓴다.

예)ショッピングでもしたい:
숍핑구데모 시타이
쇼핑이라도 하고 싶다.

⇒はなしちゅう(話し中)です。
하나시츄-데스.
らいきゃくちゅうです。
라이캬쿠츄-데스.
ほかのでんわにでています。
호카노 뎅와니 2 데테이마스.

통화중입니다.
접객중입니다.
다른 전화 통화중입니다.

⇒けいたいでんわをレンタルしたいですが。
케이타이 뎅와오 렌타루 시타이데스가.
けいたいでんわをかりたいですが。
케이타이 뎅와오 카리타이데스가.
けいたいでんわのローミングサービスをうけたいんです。
케이타이 뎅와노 로-밍구 사-비스오 우케타인데스.

휴대전화를 렌탈(RENTAL)하고 싶은데.
휴대전화를 빌리고 싶은데.
휴대전화 로밍 서비스 (ROAMING)를 받고 싶습니다.

관련 용어

メッセージ : 메시지(MESSAGE)
멧 세-지

コレクトコール : 수신자 부담전화(COLLECT CALL)
코렉토 코-루

オペレーター : 교환원(OPERATOR)
오페레-타

길묻기

(1) 본문

販売社員: すみません。
함바이샤잉: 스미마셍.
JRしんじゅくえき(新宿駅)はどこですか。
제이아루신쥬쿠에키와 도코데스카.
つうこういん:このみちをまっすぐいって、
츠-코-잉: 코노미치오 맛스구 읻테,
みっつめのかどをまがるとみぎがわにみえます。
밋츠메노 카도오 마가루토 미기가와니 미에마스.
販売社員: はい、どうも。
함바이샤잉: 하이, 도-모.

미안합니다. JR신주쿠역은 어디입니까.
이 길을 쭉 가서, 세 번째 커브를 돌면 오른쪽에 보입니다.

販売社員:すみません。
함바이샤잉: 스미마셍.
しぶや(渋谷)えきへいくちかてつはどこにありますか。
시부야에키에 이쿠 치카테츠와 도코니 아리마스카.
つうこういん:山手線がいっぽん(一本)でいけますね。
츠-코-잉: 야마노테센가입폰데 이케마스네.
いりぐちはあそこです。
이리구치와 아소코데스.

미안합니다. 시부야역에 가는 지하철은 어디에 있습니까.
야마노테선이 한 번에 갈 수 있어요.
입구는 저쪽입니다.

해설

~と : ~(하)면 이라는 뜻으로 가정의 표현이다.
~토
いけます:갈 수 있습니다
이케마스
원형 いける 갈 수 있다(가능의 뜻)
이케루

예) ぬえますか。박을 수 있습니까.
누에마스카.
원형 ぬう 박다, 꿰메다
누-
い(入)りぐち(口): 입구↔でぐち(出口): 출구
이리구치 데구치

(2) 반복하기

⇒しぶやえきはどこですか。
시부야에키와 도코데스카.
はらじゅくえきはどこにありますか。
하라쥬쿠에키와 도코니 아리마스카.
うえのえきはどちらでしょうか。
우에노에키와 도치라데쇼-카.

시부야역은 어디입니까.
하라주쿠역은 어디에 있습니까.
우에노역은 어느 쪽일까요.

⇒ここでちかてつ(地下鉄)にの(乗)って、
코코데 치카데츠니 놑테.
みっ(三)つめ(目)のえきでおりてください。
밋츠메노 에키데 오리테 쿠다사이.
しぶやえきからみっつめのえきがしんじゅくえきですよ。
시부야에키카라 밋츠메노에키가 신쥬쿠에키데스요.
とうきょうえきでまるのうちせんにのってここのつめのえきが
토-쿄-에키데 마루노우리센니 놋테 코코노츠메노 에키가
しんじゅくえきです。
신쥬쿠에키데스.

여기서 지하철을 타고 세 번째 역에서 내리세요.
시부야역에서 3번째 역이 신주쿠역이에요.
도쿄역에서 지하철 마루노우치선을 타고 9번째 역이 신주쿠역입니다.

⇒このでんしゃでしんじゅくまでいって、
코노덴샤데 신쥬쿠마데 잍테.
あそこでやまのてせんにのりかえてみっつめのえきです。
아소코데 야마노테센니 노리카에테 밋츠메노에키데스.
このみちをまっすぐいくとしんごうがでますが、
코노미치오 맛스구 이쿠토 싱고-가 데마스가.
そこからみぎにまがってください。
소코카라 미기니 마갇테 쿠다사이.
このろじをつきあたって、ひだりにまがります。
코노로지오 츠키아탙테, 히다리니 마가리마스.

이 전차로 신주쿠까지 가서, 거기서 야마노테선으로
갈아타고 3번째 역입니다.
이 길을 똑바로 가면 신호등이 나오는데, 거기서
오른쪽으로 돌아 주십시오.
이 골목을 막다른 곳까지 가서 왼쪽으로 구부러집니다.

＊のりかえて노리카에테 : 바꿔 타고(환승해서)
원형 のりかえる노리카에루 : 바꿔 타다
つきあたって츠키아탇테 : 막다른 곳에서
つきあたる츠키아타루 : 막다른 곳에 이르다

⇒ぎんざえきははんたいがわです。
긴자에키와 한타이가와데스.
ばくろよこやまちょうはむこうです。
바쿠로요코마쵸-와 무코-데스.
もよりのえきはこのほうめんです。
모요리노에키와 코노호-멘데스.

긴자역은 반대편입니다.
바쿠로요코야마쵸는 저쪽입니다.
가까운역은 이 방면입니다.

관련 용어

ステーション스테-숑: 정류장, 역(station)
サブウェーマップ사브웨-맙프: 지하철 지도(subway map)
メトロネットワーク메토로넫토와-쿠: 중심지 네트워크(metro network)
モノレール모노레-루 : 모노레일(monorail)
ダウンタウン다운타운 : 중심지
ラッシュアワー랏슈아와-: 출퇴근 시간(rush hour)

호텔예약

(1) 본문

販売社員: へや(部屋)をよやくしたいんです。
함바이샤잉: 헤야오 요야쿠 시타인데스.
予約係員:　はい、かしこまりました。
요야쿠카카리잉:하이, 카시코마리마시타.
おとまりはいつですか。
오토마리와 이츠데스카.
販売社員: らいしゅうの１５日から １８日までの
함바이샤잉: 라이슈-노 쥬-고니치 카라 쥬-하치니치마데노
3泊、シングルひとつ、おねがいします。
삼파쿠,싱구루히토츠, 오네가이시마스.
予約係員:　はい、けっこうでございます。
요야쿠카카리잉:하이, 켁코-데 고자이마스.
おなまえをどうぞ。
오나마에오 도-조.
バイヤー: キムヨンチョルです。
바이야-: 키무용쵸루데스.

방을 예약하고 싶습니다.
네, 알겠습니다. 숙박은 언제 입니까?
내주 15일부터 18일까지 3박,
싱글 하나 부탁합니다.
네, 좋습니다. 이름을 말씀해 주십시오.
김영철입니다.

해설

ございます: です(입니다)의 공손한 말씨이다.
고자이마스 데스

(2) 반복하기

⇒へやはまんしつになっておりますが。
헤야와 만시츠니 낟테오리마스가.
へやはフルになっておりますが。
헤야와 후루니 낟테 오리마스가.
へやはタイトになっておりますが。
헤야와 타이토니 낟테 오리마스가.

방은 만실입니다만.
방은 풀(FULL)입니다만.
방은 타이트(TIGHT)합니다만.

⇒ルームチャージはいっぱく(一泊)いくらですか。
루-무 챠-지와 입파쿠 이쿠라데스카.
へやだいは一泊いくらですか。
헤야다이와 입파쿠 이쿠라데스카.
シングルルームは一泊いくらですか。
싱구루 루-무와 입파쿠이쿠라데스카.

방값은 1박에 얼마입니까?
방값은 1박에 얼마입니까?
싱글룸(SINGLE ROOM)은 일박에 얼마입니까.

⇒ちょうしょく(朝食)こみですか。
쵸-쇼쿠 코미데스카.
朝食なしですか。
쵸-쇼쿠나시데스카.
朝食はふく(含)まれていますか。
쵸-쇼쿠와푸쿠마레테 이마스카.

조식은 들어가 있습니까?
조식 없이 입니까?
조식은 포함되어 있습니까?

⇒すみません、よやくをへんこうしたいんです。
스미마셍, 요야쿠오 헹코- 시타인데스.
よやくをキャンセルしたいんです。
요야쿠오 캰세루 시타인데스.
よやくをとりけしたいんです。
요야쿠오 토리케시타인데스.

미안합니다, 예약을 변경하고 싶습니다.
예약을 취소(CANCEL)하고 싶습니다.
예약을 취소하고 싶습니다.

⇒かぎをおいてドアをしめました。
카기오 오이테 도아오 시메마시타.
かぎをわすれてドアをしめました。
카기오 와스레테 도아오 시메마시타.

열쇠를 놓고 문을 닫았습니다.
열쇠를 잊고 문을 닫았습니다.

⇒このにもつ (荷物) をあずかってください。
코노 니모츠오 마즈칸테 쿠다사이.
このにもつをキープしてほしいです。
코노 니모츠오 키-브시테 호시-데스.
このにもつをあずけます。
코노 니모츠오 아즈케마스.

이 짐을 맡아 주십시오.
이 짐을 보관(KEEP)해 주기 바랍니다.
이 짐을 맡기겠습니다.

관련 용어

マネージャー마네-쟈- : 지배인(MANAGER)

フロント후론토 : 프론트

ベールデスク베-루데스크 : 벨데스크(BELL DESK)

ビジネスホテル비지네스호테루 : 비즈니스호텔

일본세관(입국심사,세관통관)

(1) 본문

(入国審査カウンター)
뉴우코쿠신사카운타-

入国係官: パスポートを み(見)せてください。
뉴우코쿠카카리캉:파스포-토오 미세테 쿠다사이.

李:どうぞ。
이: 도-조.

入国係官:
뉴우코쿠카카리캉:

とうきょうにはどれくらいたいざいのよていですか。
토-쿄-니와 도레쿠라이 타이자이노 요테이데스카.

李:さんぱくよっかです。
이: 삼파쿠 욕카데스.

入国係官: すみませんが ここに,
뉴우코쿠카카리캉:스미마셍가 코코니,

にほんの れんらくさきの でんわばんごうを
니혼노 렌라쿠사키노 뎅와방고-오

か(書)いてください。
카이테 쿠다사이.

(입국심사 카운터)
여권을 보여 주십시오.
네, 여기 있습니다.
도쿄에는 어느 정도 머무를 예정입니까?
3박 4일입니다.
미안합니다만, 여기에 일본의 연락처 전화번호를 기입해 주십시오.

(ぜいかんカウンター)
제이캉카운타-
税関吏:しんこく(申告)するものはありませんか。
제이캉리: 신코쿠 스루모노와 아리마센카.
李:ありません。にもつはこれでぜんぶ(全部)です。
이 : 아리마셍. 니모츠와 코레데 젬부데스.
税関吏:アルコールののみものとかタバコをもっていますか。
제이캉리 : 아루코-루노노미모노토카 타바코오 몯테 이마스카.
李:これしかありません。
이 : 코레시카 아리마셍.
税関吏:トランクをあけてもいいですか。
제이캉리: 토랑쿠오 아케테모 이-데스카.
李:ええ、どうぞ。
이: 에-, 도-조.
税関吏:このづつみの なかはなんですか。
제이캉리 : 코노즈츠미노 나카와 난데스카.
李:かんこくのにんぎょうです。
이 : 캉코쿠노 닝교-데스.
とりひきさきのひとへのおくりものです。
토리히키사키노 히토에노 오쿠리모노데스.
税関吏:けっこうです。おとおりください。
제이캉리:켁코-데스. 오토-리 쿠다사이.

(세관 카운터)
신고할 물건은 없습니까?
없습니다. 짐은 이것이 전부입니다.
알콜 음료라든가 담배를 갖고 있습니까?
이것 밖에 없습니다.
트렁크를 열어 보겠습니다.
네, 그러십시오.
이 포장 안에는 무엇이 있습니까?
인형입니다. 거래처 사람 선물입니다.
좋습니다. 지나가(통과해) 주십시오.

해설

み(見)せる : 보여주다
미 세루
~には: ~에는
니와
どれくらい : 얼마나, 어느 정도
도테 쿠라이
とか : ~나, ~라든가, ~든지
토카
~てみる : ~해 보다
테미루
ええ : 네, 예
에-
とりひきさき(取引先) : 거래
토리히키사키
~さき(先) : ~곳, ~처, 장소
사키
예)しいれさき : 사입처(=구입처)
시이레사키
おくりもの(贈物) : 선물
오쿠리모노
선물(=プレゼント present)
프레젠토

(2) 반복하기

⇒パスポートをみ(見)せていただきます。
파스포-토오 미세테 이타다키마스.
パスポートをみせてください。
파스포-토오 미세테 쿠다사이.
にゅうこくしんこくしょ(入国申告書)をみせていただきます。
뉴-코쿠 싱코쿠쇼 미세테 이타다키마스.
インボイスを 見せて ください。
인보이스오 미세테 쿠다사이.

여권을 보여 주십시오.
여권을 보여 주십시오.
입국신고서를 보여주십시오.
송장(INVOICE)을 보여 주십시오.

⇒日本語が わかりますか。
니홍고가 와카리마스카.
日本語が できますか。
니홍고가 데키마스카.
日本語が 話(はな)せますか。
니홍고가 하나세마스카.
日本語を 話(はな)すことが できますか。
니홍고오 하나스코토가 데키마스카.

일본어를 할 줄 아십니까?
일본어를 할 줄 압니까?
일본어를 말할 수 있습니까?
일본어를 말할 수가 있습니까?

⋆ 가능동사(~할 수 있다)의 뜻 여러가지
~がわかる: ~을 알 수 있다(~をアニ고~が 가를 쓴다.)
~가와카루 ~오 ~가
~ができる: ~을 할 수 있다(~を아니고~が가를 쓴다.)
~가데키루 ~오 ~가
~をすることができる : ~을 할 수가 있다.
오 스루코토가 데키루

すこし わかります。
스코시 와카리마스.
ぜんぜん わかりません。
젠젱 와카리마셍.
よく わかりません。
요쿠 와카리마셍.

조금 압니다.
전연 모릅니다.
잘 모릅니다.

⇒りょこう(旅行)のもくてき(目的)はなんですか。
료코-노 모쿠테키와 난데스카.
にゅうこくもくてきはなんですか。
뉴-코쿠 모쿠테키와 난데스카.
しごと(仕事)は 何(なん)ですか。
시고토와 난데스카.

여행의 목적은 무엇입니까?
입국 목적은 무엇입니까?
무슨 일을 하고 있습니까?

仕事(しごと)です。
시고토데스.
ビジネスです。
비지네스데스.
ふく(服)のしょうばいをしています。
후쿠노 쇼-바이오 시테이마스.

일 때문에 왔습니다.
비즈니스입니다.
옷장사를 하고 있습니다.

⇒どこに 泊(と)まりますか。
도코니 토마리마스카.
とのホテルに 泊(と)まりますか。
도노호테루니 토마리마스카.

어디에 묵으십니까?
어느 호텔에 묵으십니까?

⇒にほんになんにちたいざいしますか。
니혼니 난니치 타이자이 시마스카.
どれぐらい たいざいしますか。
도레구라이 타이자이 시마스카.

일본에 얼마나 머무르십니까?
어느 정도 머뭅니까?

⇒このにもつのなかみ(中身)はなんですか。
코노 니모츠노 나카미와 난데스카.
それはともだち(友達)へのプレゼントです。
소레와 토모다치에노 프레젠토데스.

*なかみ : 알맹이, 내용물
나카미

이 짐의 내용물은 무엇입니까?
그것은 친구에게 줄 선물입니다.

-これで ぜんぶです。
고레데 젬부데스.
-これは むしょう(無償)サンプルです。
코레와 무쇼- 삼푸루데스.
-これはみのまわりのものです。
코레와 미노마와리노 모노테스.

이것이 전부입니다.
이것은 무상견본입니다.
이것은 신변잡화입니다.

⇒むこうのカウンターでかんぜいをはらってください。
무코-노 카운타-데 칸제이오 하랃테 쿠다사이.
この カメラはかんぜいがかかります。
코노카메라와 칸제이가 카카리마스.

저편 카운터에서 관세를 지불하세요.
이 카메라는 관세를 내셔야 합니다.

⇒JAL954びん(便)のにもつは どこでうけとりますか。
자루큐우고욘빙노 니모츠와 도코데 우케토리마스카.
あそこにみえるサインボードのしたのコンベヤーです。
아소코니 미에루 사인보-도노 시타노 콘베야-데스.
むこうにみえるサインボードのしたのコンベヤーです。
무코-니 미에루 사인보-도노 시타노 콘베야-데스.

JAL954편 수하물은 어디서 받습니까?
저쪽에 보이는 사인보드 아래 컨베이어입니다.
저쪽에 보이는 사인보드 아래 컨베이어입니다.

관련 용어

イミグレーション： 입국(immigration)
이미그레-숑

ウィスキー： 위스키(whisky)
위스키-

ボトル： 병(bottle)
보토루

トランジット: 통과(transit)
토란짙토

シーアイキュー:
시-아이큐-

세관, 입국심사, 방역
(CIQ; Customs, Immigration, Quarantine)

むしょう(無償: 무상　NO COMMERCIAL VALUE)↔
무쇼-

ゆうしょう(유상: 有償　COMMERCIAL VALUE)
유-쇼-

1.수사

(1)숫자 표현

1) 기수(1~10)

一(ひと)つ	二(ふた)つ	三(みっ)つ	四(よっ)つ
히토츠	후타츠	밋츠	욧츠
하나	둘	셋	넷

五(いつ)つ	六(むっ)つ	七(なな)つ	八(やっ)つ
이츠츠	뭇츠	나나츠	얏츠
다섯	여섯	일곱	여덟

九(ここの)つ	十(とお)
코코노츠	토-
아홉	열

2) 서수

①1~10

一(いち) 1,	二(に) 2,	三(さん) 3,	四(し) 4, (=よん, よ)
이치	니	산	시 욘 요
일	이	삼	사

五(ご) 5,	六(ろく) 6,	七(しち) 7, (=なな)	八(はち) 8,
고	로쿠	시치 나나	하치
오	육	칠	팔

九(きゅう,く) 9,	十(じゅう) 10,
큐-, 구	쥬-
구	십

② 10단위

10. じゅう 쥬-	20. にじゅう 니쥬-	30. さんじゅう 산쥬-	40. よんじゅう 욘쥬-	90. きゅうじゅう 큐-쥬-
11. じゅういち 쥬-이치	21. にじゅういち 니쥬-이치	31. さんじゅういち 산쥬-이치	50. ごじゅう 고쥬-	92. きゅうじゅうに 큐-쥬-니
12. じゅうに 쥬-니	22. にじゅうに 니쥬-니	32. さんじゅうに 산쥬-니	60. ろくじゅう 로쿠쥬-	91. きゅうじゅういち 큐-쥬-이치
13. じゅうさん 쥬-산	23. にじゅうさん 니쥬-산	33. さんじゅうさん 산쥬-산	70. ななじゅう 나나쥬-	93. きゅうじゅうさん 큐-쥬-산
14. じゅうよん 쥬-욘	24. にじゅうよん 니쥬-욘	34. さんじゅうよん 산쥬-욘	80. はちじゅう 하치쥬-	94. きゅうじゅうよん 큐-쥬-욘
15. じゅうご 쥬-고	25. にじゅうご 니쥬-고	35. さんじゅうご 산쥬-고	....	95. きゅうじゅうご 큐-쥬-고
16. じゅうろく 쥬-로쿠	26. にじゅうろく 니쥬-로쿠	36. さんじゅうろく 산쥬-로쿠		96. きゅうじゅうろく 큐-쥬-로쿠
17. じゅうなな 쥬-나나	27. にじゅうなな 니쥬-나나	37. さんじゅうなな 산쥬-나나		97. きゅうじゅうなな 큐-쥬-나나
18. じゅうはち 쥬-하치	28. にじゅうはち 니쥬-하치	38. さんじゅうはち 산쥬-하치		98. きゅうじゅうはち 큐-쥬-하치
19. じゅうきゅう 쥬-큐-	29. にじゅうきゅう 니쥬-큐-	39. さんじゅうきゅう 산쥬-큐-		99. きゅうじゅうきゅう 큐-쥬-큐-

③ 100~1억

100 百(ひゃく) 햐 쿠	1000 一千(いっせん) 잇셍	10000 一(いち)万(まん) 이치망	10만 じゅうまん 쥬-망
200 二百(にひゃく) 니햐쿠	2000 二千(にせん) 니셍	20000 二(に)万(まん) 니망	20만 二十万(にじゅうまん) 니쥬-망
300 三百(さんびゃく) 산뱌쿠	3000 三千(さんぜん) 산젱	30000 三(さん)万(まん) 산망	30만 三十万(さんじゅうまん) 산쥬-망
400 四百(よんひゃく) 욘-햐쿠	4000 四千(よんせん) 욘~셍	40000 四(よん)万(まん) 욘~망	40만 四十万(よんじゅうまん) 욘쥬-망
500 五百(ごひゃく) 고햐쿠	5000 五千(ごせん) 고셍	50000 五(ご)万(まん) 고 망	50만 五十万(ごじゅうまん) 고쥬-망
600 六百(ろっぴゃく) 롭뺘쿠	6000 六千(ろっせん) 롯셍	60000 六(ろく)万(まん) 로쿠망	60만 六十万(ろくじゅうまん) 로쿠쥬-망
700 七百(ななひゃく) 나나햐쿠	7000 七千(ななせん) 나나셍	70000 七(なな)万(まん) 나나망	70만 七十万(ななじゅうまん) 나나쥬-망
800 八百(はっぴゃく) 핫뺘쿠	8000 八千(はっせん) 핫셍	80000 八(はち)万(まん) 하치망	80만 八十万(はちじゅうまん) 하치쥬-망
900 九百(きゅうひゃく) 큐-햐쿠	9000 九千(きゅうせん) 큐-셍	90000 九(きゅう)万(まん) 큐-망	90만 九十万(きゅうじゅうまん) 큐-쥬-망
			100만 百万(ひゃくまん) 햐쿠망
			1000만 一千万(いっせんまん) 잇센망
			1 억 一億(いちおく) 이치오쿠

(2)날짜, 요일

1. 날짜: ~日(にち) ~일
니치

1일에서 10일까지는 일본 고유어를 쓰고 나머지는 숫자 뒤에 ~にち를 붙여서 읽는다.(표형식으로)

一日(ついたち) 1일 二日(ふつか) 2일 三日(みっか) 3일 四日(よっか) 4일
츠이타치 후츠카 밋카 욧카

五日(いつか) 5일 六日(むいか) 6일 七日(なのか) 7일 八日(ようか) 8일
이츠카 무이카 나노카 요-카

九日(ここのか) 9일 十日(とおか) 10일
고코노카 토-카

十一日(じゅういちにち) 11일 十二日(じゅうににち) 12일 十三日(じゅうさんにち) 13일
쥬-이치니치 쥬-니니치 쥬-산니치

十四日(じゅうよっか) 14일 十五日(じゅうごにち) 15일 十六日(じゅうろくにち) 16일
쥬-욧카 쥬-고니치 쥬-로쿠니치

十七日(じゅうしちにち) 17일 十八日(じゅうはちにち) 18일 十九日(じゅうくにち) 19일
쥬-시치니치 쥬-하치니치 쥬-구니치

二十日(はつか) 20일 二十一日(にじゅういちにち) 21일 二十二日(にじゅうににち) 22일
하츠카 니쥬-이치니치 니쥬-니니치

二十三日(にじゅうさんにち) 23일 二十四日(にじゅうよっか) 24일
니쥬-산니치 니쥬-욧카

二十五日(にじゅうごにち) 25일 二十六日(にじゅうろくにち) 26일
니쥬-고니치 니쥬-로쿠니치

二十七日(にじゅうしちにち) 27일 二十八日(にじゅうはちにち) 28일
니쥬-시치니치 니쥬-하치니치

二十九日(にじゅうくにち) 29일 三十日(さんじゅうにち) 30일
니쥬-구니치 산쥬-니치

三十一日(さんじゅういちにち) 31일
산쥬-이치니치

2. 달: ~月(がつ) ~월(표형식으로)
~가츠

一月(いちがつ)　1월　二月(にがつ) 2월　三月(さんがつ) 3월　四月(しがつ) 4월
이치가츠　니가츠　산가츠　시가츠

五月(ごがつ) 5월　六月(ろくがつ) 6월　七月(しちがつ) 7월　八月(はちがつ) 8월
고가츠　로쿠가츠　시치가츠　하치가츠

九月(くがつ) 9월　十月(じゅうがつ) 10월　十一月(じゅういちがつ) 11월
구가츠　쥬-가츠　쥬-이치가츠

十二月(じゅうにがつ) 12월
쥬-니가츠

3. 요일

日曜日(にちようび) 일요일　月曜日(げつようび) 월요일
니치요—비　게츠요-비

火曜日(かようび) 화요일　水曜日(すいようび) 수요일
카요-비　스이요-비

木曜日(もくようび) 목요일　金曜日(きんようび) 금요일
모쿠요-비　킨요-비

土曜日(どようび) 토요일
도요-비

4. 주

先週(せんしゅう)　지난 주 今週(こんしゅう) 이번 주 来週(らいしゅう) 다음 주
센슈-　콘슈-　라이슈-

先月(せんげつ)지난 달　今月(こんげつ)　이번 달 来月(らいげつ) 다음 달
센게츠　콘게츠　라이게츠

昨年(さくねん) 작년　今年(ことし) 올해, 금년　来年(らいねん)내년

5. ~박 (표형식으로)　~泊(はく)
~하쿠, ~빠쿠

1泊(いっぱく)　1박　2泊(にはく) 2박　3泊(さんぱく) 3박
잇빠쿠　니하쿠　산빠쿠

4泊(よんはく) 4박　5泊(ごはく) 5박　6泊(ろっぱく) 6박
욘~하쿠　고하쿠　롯빠쿠

7泊(ななはく) 7박　8白(はっぱく) 8박　9泊(きゅうはく) 9박
나나하쿠　핫빠쿠　큐-하쿠

10泊(じゅっぱく)10박　何泊(なんぱく)　몇 박
쥿빠쿠　난빠쿠

6. 계절

春(はる) 봄　夏(なつ) 여름
하루　나츠

秋(あき) 가을　冬(ふゆ) 겨울
아키　후유

(3) 시간

1. ~시 ~時(じ)
~지

1時(いちじ) 1시 2時(にじ) 2시 3時(さんじ) 3시 4時(よじ) 4시
이치지 니지 산지 요지
5時(ごじ) 5시 6時(ろくじ) 6시 7時(しちじ) 7시
고지 로쿠지 시치지
八時(はちじ) 8시 9時(くじ) 9시 10時(じゅうじ) 10시
하치지 구지 쥬-지

2. ~분 ~分(ぷん)

1.いっぷん 잇뿡	11.じゅういっぷん 쥬-잇뿡	21.にじゅういっぷん 니쥬-잇뿡	10.じ(ゅ)っぷん 짓뿡, 쥿뿡
2.にふん 니훙	12.じゅうにふん 쥬-니훙	22.にじゅうにふん 니쥬-니훙	20.にじ(ゅ)っぷん 니짓뿡, 니쥿뿡
3.さんぷん 산뿡	13.じゅうさんぷん 쥬-산뿡	23.にじゅうさんぷん 니쥬-산뿡	30.さんじ(ゅ)ぷん 산짓뿡, 산쥿뿡
4.よんぷん 욘~뿡	14.じゅうよんぷん 쥬-욘뿡	24.にじゅうよんぷん 니쥬-욘뿡	40.よんじ(ゅ)っぷん 욘~짓뿡, 욘~쥿뿡
5.ごふん 고훙	15.じゅうごふん 쥬-고훙	25.にじゅうごふん 니쥬-고훙	50.ごじ(ゅ)っぷん 고짓뿡, 고쥿뿡
6.ろっぷん 록뿡	16.じゅうろっぷん 쥬-록뿡	26.にじゅうろっぷん 니쥬-록뿡	60.ろくじ(ゅ)っぷん 로쿠짓뿡, 로쿠쥿뿡
7.ななふん 나나훙	17.じゅうななふん 쥬-나나훙	27.にじゅうななふん 니쥬-나나훙	70.ななじ(ゅ)っぷん 나나짓뿡, 난쥿뿡
8.はちふん (はっぷん) 하치훙, 핫뿡	18.じゅうはちふん (じゅうはっぷん) 쥬-하치훙, 쥬-핫뿡	28.にじゅうはちふん (にじゅうはっぷん) 니쥬-하치훙, 니쥬-핫뿡	80.はちじ(ゅ)っぷん 하치짓뿡, 하치쥿뿡
9.きゅうふん 큐-훙	19.じゅうきゅうふん 쥬-큐-훙	29. にじゅうきゅうふん 니쥬-큐-훙	90.きゅうじ(ゅ)っぷん 큐-짓뿡, 큐-쥿뿡
10.じゅっぷん, じっぷん 쥿뿡, 짓뿡	20.にじっぷん にじゅっぷん 니쥿뿡, 니짓뿡	30.さんじっぷん さんじゅっぷん 산쥿뿡, 산짓뿡	100.ひゃっぷん 햣뿡

(4) 수량

	枚（まい）마이	個（こ）코	冊（さつ）사츠	本（ほん）혼, 본, 폰	杯 하이, 바이, 파이	度 도	階（かい）카이, 가이
의미	~장(종이, 와이셔츠)	~개 (사물의개수)	~권(책)	~개, ~자루 (우산,꽃, 연필, 넥타이 등)	~잔(음료)	~번(횟수)	~층(층수)
1	いちまい 이치마이	いっこ 잇코	いっさつ 잇사츠	いっぽん 잇뽕	いっぱい 잇빠이	いちど 이치도	いっかい 잇카이
2	にまい 니마이	にこ 니코	にさつ 니사츠	にほん 니홍	にはい 니하이	にど 니도	にかい 니카이
3	さんまい 삼마이	さんこ 산코	さんさつ 산사츠	さんぼん 산봉	さんばい 산바이	さんど 산도	さんがい 산가이
4	よんまい 욤마이	よんこ 욘~코	よんさつ 욘~사츠	よんほん 요~홍	よんはい 요~하이	よんど 욘~도	よんかい 욘카이
5	ごまい 고마이	ごこ 고코	ごさつ 고사츠	ごほん 고홍	ごはい 고하이	ごど 고도	ごかい 고카이
6	ろくまい 로쿠마이	ろっこ 롯코	ろくさつ 로쿠사츠	ろっぽん 롯뽕	ろっぱい 롯빠이	ろくど 로쿠도	ろっかい 록카이
7	ななまい 나나마이	ななこ 나나코	ななさつ 나나사츠	ななほん 나나홍	ななはい 나나하이	ななど 나나도	ななかい 나나카이
8	はちまい 하치마이	はちこ 하치코	はっさつ 핫사츠	はちほん（はっぽん）하치홍(핫뽕)	はちはい（はっぱい）하치하이 핫빠이	はちど 하치도	はちかい 하치카이
9	きゅうまい 큐-마이	きゅうこ 큐-코	きゅうさつ 큐-사츠	きゅうほん 큐-홍	きゅうはい 큐-하이	きゅうど 큐-도	きゅうかい 큐-카이
10	じゅうまい 쥬-마이	じっこ 짓코	じっさつ 짓사츠	じ(ゅ)っぽん 짓뽕(즛뽕)	じ(ゅ)っぱい 짓빠이 즛빠이	じゅうど 쥬-도	じっかい 짓카이
何	何枚（なんまい）남마이	何個(なんこ) 난코	何冊（なんさつ）난사츠	何本(なんぼん) 난홍	何杯(なんばい) 난바이	何度(なんど) 난도	何階(なんがい) 난가이

(5) 화폐단위

1. 일본화폐: 円 엔 ￥---예)￥1,000.-
   엔
2. 한국화폐: ウェン 원 ₩---예)₩1,000.-
   원
3. 미국화폐: ドル 달러 $---예)$1,000.-
   도루

이 상

2. 일본 입국

(1) 일본입국심사
실무 정보
준비가 소홀하면 입국이 거절 되는 경우가 있으니 주의한다.

① 비행기표는 반드시 돌아오는 편까지 예약돼 있어야 한다. 오픈티켓으로 되어 있으면 입국이 거절된다.

② 입국신고서 작성 요령
일본에서의 연락처 작성 : 반드시 호텔이나 여관 등 유료숙박업소의 전화번호를 쓴다.
친구나 지인의 연락처를 쓰면 입국 거절을 당할 우려가 있다.

③ 현금이나 신용카드를 소지하고 있어야 한다.

※ 입국심사 및 세관통관 : 일본 세관의 입국 심사는 외국인에게는 매우 엄격하다. 입국할 때 아무런 문제가 없는데, 이것저것 물으면 괜히 긴장하게 되는데, 상기 ①,②,③ 항목에 충실하면 아무런 문제가 없다.

(2) 입국심사를 간단히 통과하려면

① 나이가 들어 보이는 사람의 카운터에 줄을 선다.
경력이 짧은 사람은 업무가 능숙하지 못하여 오히려 입국심사를 엄격하고 까다롭게 하여 더디게 마련이다.

② 동남아(중국, 파키스탄, 인도, 스리랑카, 방글라데시, 네팔 등)나 중동지방,아프리카 사람들이 있는 줄 또는 여성이 서 있는 줄은 피한다. 이들은 불법 취업자가 많아 심사가 매우 엄격해 시간이 많이 걸린다.

③ '일본어를 아는가'라는 질문을 받았을 때는 모른다고 답하고 가급적이면 일본어가 능숙하더라도 영어를 사용한다.

④ 비행기는 마지막 비행기를 탄다.
피곤하고 빨리 퇴근하고 싶어 심사를 대충하기 때문이다.

(3) 세관의 면세허용범위

일본으로 들어 갈 때 술, 담배 등의 1인당 면세 휴대한도는 세계 여러 나라 중 가장 많다.
술 3병, 담배 4상자를 면세로 갖고 들어갈 수 있으므로, 이것만 봐도 수입규제가 심하지 않고 개방의 폭이 넓은 편이다.
소매가격 기준으로 일화 30만 엔까지는 세금이 없음.
(운송료 보험 등 제외하고 순수한 물건값만 20만 엔)
술 3병(1병 760cc기준), 담배 4상자(일본담배 2상자, 외국산담배 2상자), 향수 2온스까지는 관세를 물지 않는다.

* 한국세관은 술 1병, 담배 1상자만 관세를 물지 않는다.

3. 관세율

소비세 포함해서 10~15% 정도이며, 상기 일반관세율 기준으로 하여 조금 낮다. 신고가격이 세관이 조사한 가격과 다를 때는 임의로 과세가격과 세액을 매긴다. 부정행위, 신고누락, 가짜상품(짝퉁) 등은 발견되면 처벌을 받는다.

일본 세관 간이통관제도
일본세관 관세율표
우편물 간이통관 세율표

술종류 와인 1리터	70엔
소주류 1리터	20엔
청주류 1리터	30엔
모피제품, 토마토 소스 등	20%
무두질한 모피, 커피, 차 등	15%
식료품(치즈, 야채 등), 견직물, 직물류 의류 등	10%
프라스틱 제품, 유리제품, 침구, 비금속제품, 완구 등	3%
종이, 도자기 제품 등	무세
기타 물건 등	5%

일반 관세율

주류 위스키(1리터)	77엔
브랜디	110.6엔
알콜, 소주	31.5엔
와인	125엔
의류품 모피 코트	20%
의류(직물)	10.1%
내의류	8.2~9.0
티셔츠	8.2~12.1
넥타이	10.1~13.4
가죽핸드백	8~14
시계	무세
화장품	무세
취미용품(완구, 인형, 모형)	0.8~3.9
음료 우롱차	17
홍차	12
침구류	3.8~9.0
부엌용품	무세~5.4
인쇄물, 미술품, 책, CD, 시계	무세

휴대용품(의류) 간이 통관

상품 소지한도

가지고 가는 물건의 과세가격이 30만 엔(운송료, 보험료 등)을 초과하면 안된다. 보험료란 상품이 보험에 가입돼 있는 경우에만 한한다. 과세가격이 30만 엔이 초과되면 여객부문 수속이 안 되므로 '공항 화물 출장소'에 수입신고를 하고 정식통관절차를 거쳐야 한다. (물건 금액만 20만 엔이 한도액)

필요한 서류

- 상업송장(COMMERCIAL INVOICE)
- 포장명세서(PACKING LIST)

일본수출상담
<매뉴얼>

서울특별시, 서울산업통상 진흥원
서울패션 센터

1. 서울패션센터 일본수출상담용

(1) 매뉴얼(자료참고)---준비해야 할 사항

1)명함

2)연혁서(일어, 중국어)

3)디자인기획서(미니멈 10품목 디자인)

4)스왓치북---소재 신제품을 많이 준비

5)샘플

-택을 단다.

-세탁품질표시라벨을 끼어 박는다.

▶명함(일본바이어와 교환을 위한 샘플)

<예>

<table><tr><td>
ET & W

＜取り扱う品目＞ 女性向けカジュアルジャケット

鄭　昇　逸(チョン スン イル)
(DIRECTOR CHUNG, SUNG-IL)

携帯電話: 82-17-365-0000
TEL　: 82-2-715-0000
FAX　: 82-2-499-0000
e-mail　: chungsungil@yahoo.co.jp(JAPAN)
etchung11@hanmail.net(KOREA)
HOME PAGE: www.JNCCANADA.COM
</td></tr></table>

1)취급품목---자세하게 취급하는 품목을 써 준다.

예)-성별, 정장인지 캐주얼인지, 연령대, 소재 등

2)일은 한자로 쓰고 일본어로 토(루비)를 달아 준다.

3)홈페이지 제작은 필수임.

4)이메일 어드레스도 반드시 쓸 것.

<점장 또는 대표이사인터뷰> 일본어로 준비한다.

1. 이름:

점 장 사 진

2. 프로필
   (1)특기:
   (2)취미:
3. 디자인기획 할 때 무엇을 가장 중요시 하는가?
4. 점포자랑:

점 포사 진

5. 신상품 소개

사 진	사 진	사 진
(1)STY NO : (2)소재 : (3)SIZE : (4)COLOR :	(1)STY NO : (2)소재 : (3)SIZE : (4)COLOR :	(1)STY NO : (2)소재 : (3)SIZE : (4)COLOR :

6. 참고로하는 일본잡지:
7. 기타(하고 싶은 말):

▶연 혁 서

-당사의 연혁에 관해서 간단하게 나마 설명 드리겠습니다.

1. 회사명:
  (1)TEL
  (2)FAX
  (3)HOME PAGE:
  (4)점포소재지:
  (5)브랜드명:
2. 창립 년도(창설자, 자본금) :
   200 년 월 일 에 의해 자본금 만엔으로 창설했습니다.
3. 취급하고 있는 품목(item) :
  (1)성별: (2)정장 또는 캐주얼 (3)연령대:
  (4)사이즈: (5)주요칼라: (6)소재:
  (7)가격대:
4. 작년도 실적 :
   (수출) 일본쪽 만엔
   (내수) 만엔
5. 판매처(납품처) :

6. 원부자재 구입처 :
   (수입)
   (국내)
7. 종업원 수 :
   (사무직) 남_ 인 여_ 인
   (공장) 남 _인 여_ 인
   총_인
8. 생산 능력(Capacity) :
   (1일/ 생산량) _장 (월/ 생산량) _장
9. 공원 평균임금 :
   _만엔(1일 _시간 근무기준)/월

▶沿 革 書

-當社の沿革に關して簡單ながら說明します。

1. 會社名:
 (1)TEL
 (2)FAX
 (3)HOME PAGE
 (4)店鋪所在地:
 (5)ブランド名:

2. 創立 年度(創設者, 資本金):
 200 年 月 日に により資本金 万円で創立されました。

3. 取扱う品目(item):
 (1)性別: (2)正裝またはカジュアル (3)年齡帶:
 (4)サイズ: (5)主なカラ┌: (6)素材:
 (7)價格:

4. 昨年度 實績:
 (輸出) 日本向け 万円
 (內需) 万円

5. 販賣先 (納品先) :

6. 原副資材 仕入先:
 (輸入)
 (國內)

7. 従業員 數:
 (事務職) 男 _人 女 _人
 (工場) 男 _ 女_ 人
 合計 _ 人

8. 生産 能力(Capacity):
 (1日/ 生産量) (月/ 生産量) _

9. 工員 平均賃金:
 _万円(1日 _ 時間 勤務基準)/月

以上

<디자인기획서>

SPRING JOANNE LAYER SENSIBLE

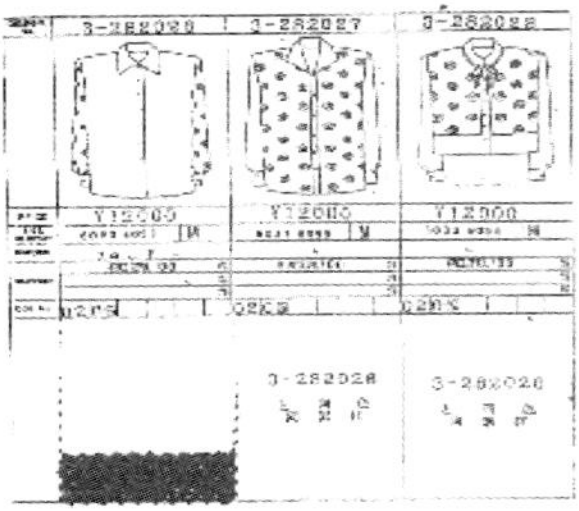

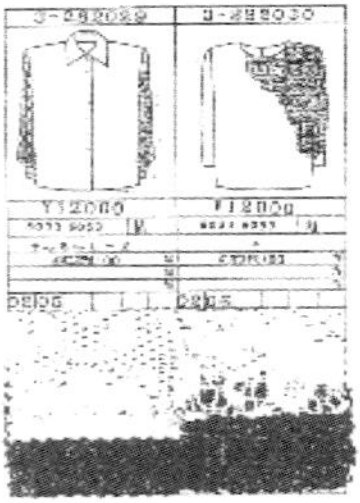

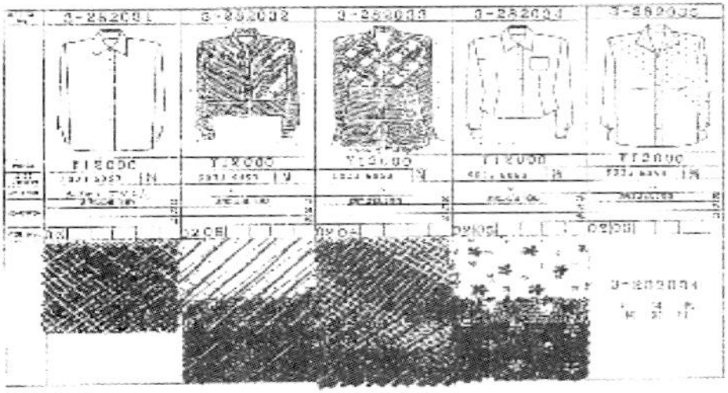

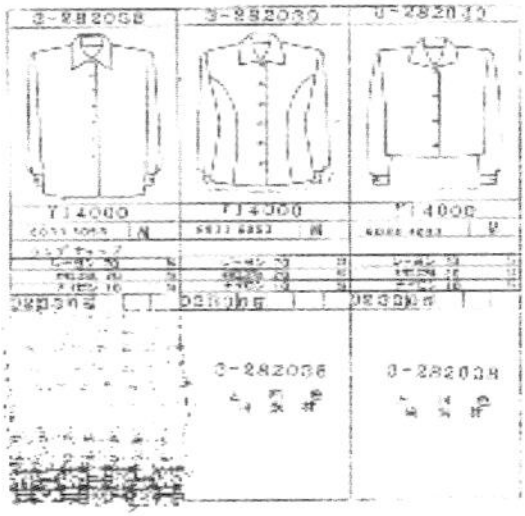

<デザイン企┌書>

1. デザインNO:

디자인

1) 生地:
2) 裏地:
3)サイズ:
4) COL:
5) PRC:

2. デザインNO:

디자인

1) 生地:
2) 裏地:
3)サイズ:
4) COL:
5) PRC:

3. デザインNO:

디자인

1) 生地:
2) 裏地:
3)サイズ:
4) COL:
5) PRC:

4. デザインNO:

디자인

1) 生地:
2) 裏地:
3)サイズ:
4) COL:
5) PRC:

5. デザインNO:

디자인

1) 生地:
2) 裏地:
3)サイズ:
4) COL:
5) PRC:

6. デザインNO:

디자인

1) 生地:
2) 裏地:
3)サイズ:
4) COL:
5) PRC:

<택(TAG)>---샘플에 반드시 붙인다.

O

STY NO.:
原反:
SIZE:
COL:
DATE:
備考:

<세탁품질라벨>---수출상담회 때 가지고갈 샘플에는 반드시 일본어로 만들어 붙인다.(원단 혼용률, 세탁방법표시 등)

<예>

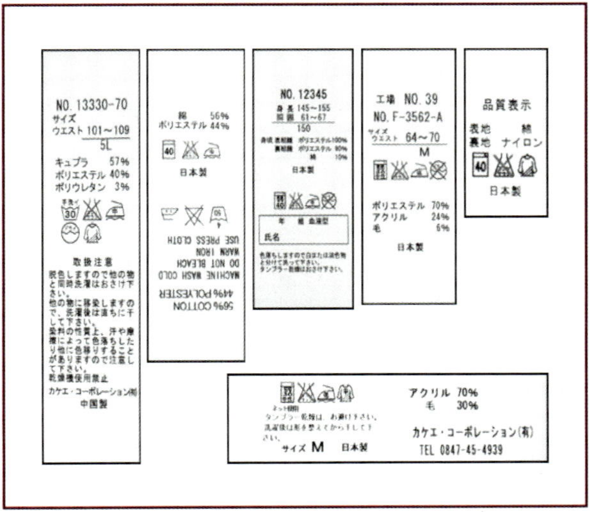

<영　수　증>---바이어에게 줄 영수증 양식

領　収　證

金額　　　　　　　　　円
(　　　　　　　　)

上記金額を領収いたしました。
<内訳>

200　年　月　日

ソウル市　　區　洞　番地
會社名：
店舗名：
代表　：　　　　　(印)

御中
____

注　文　書

年　月　日

バイヤ 氏名:
會社名:
店鋪名:
TEL:

下記の通り注文します。

STYLE NO.	品名	SIZE	COLOR	數量	單價	小計
<總數量>		枚	<總合計>		円(	)

※<備考> 引渡場所:
商品運送費用:　　負擔

御中

<이메일 양식> 빨간색은 해설입니다.

宛先： 상대방회사명 (2008-11-날짜)
이 름 REF NO. 시리얼남바
TEL
FAX
(e-mail)
発信： 보내는 쪽 회사명과 이름
TEL
FAX
(e-mail)
C C: 같이 받아야 할 사람
題目 ：제목
参考：첨부서류 등

内 容

1. 御社益々ご繁盛のこととお慶び申し上げます。
---처음 보낼 때 인사말
(귀사 점차 번창하고 있음을 경하 드립니다.)
(いつもお世話様です。---두 번째 보낼 때부터 사용(항시 신세 많습니다.)

2. の件：(무엇에 관 한 건)
전하고 싶은 내용을 쓴다.

以上、宜しくお願いします。
(이상 잘 부탁합니다.)

INVOICE

1. Shipper/Exporter	7. No. & Date of Invoice 8. No. & Date of L/C
2. For account & Risk of Messrs	9. L/C Issuing bank
3. Notify party	10. Remarks
4. Port of loading	
5. Carrier	
6. Sailling on or about	11. Final destination

12. Marks & No. of PKG 13. Description of Goods 14. Quantity
15. Unit Price 16. Amount

(F.O.B. KOREA)

17. Telephone No. :
Facsimile No. :

18. Signed by :

ATHORIZED SIGNATURE

INVOICE

<table>
<tr><td>1. Shipper/Exporter</td><td>7. No. & Date of Invoice

8. No. & Date of L/C</td></tr>
<tr><td>2. For account & Risk of Messrs</td><td>9. L/C Issuing bank</td></tr>
<tr><td>3. Notify party</td><td rowspan="3">10. Remarks</td></tr>
<tr><td>4. Port of loading</td></tr>
<tr><td>5. Carrier</td></tr>
<tr><td>6. Sailling on or about</td><td>11. Final destination</td></tr>
<tr><td colspan="2">12. Marks & No. of PKG 13. Description of Goods 14. Quantity/Unit 15. Net W't 16. Gross W't 17.Measurement

17. Telephone No. :
Facsimile No. :

18. Signed by :

ATHORIZED SIGNATURE</td></tr>
</table>

일본인 신체사이즈 (2008년 기준)

<1>성인여자용 의복사이즈(JIS 일본공업표준) 단위: cm

구분	S(7/9)	M(9/11)	L(13)	LL(15)	3L(17)
가슴둘레	72~80	79~87	86~94	93~101	93~101
허리둘레	58~64	64~70	69~77	77~85	85~93
히프	82~90	87~95	92~100	97~105	102~110
신장	155	160	165	170	175

<2>성인남자 의복사이즈 단위: cm

성인남자 의복사이즈 (JIS 일본공업표준)			
	가슴둘레	신장	허리둘레
SA	80~88	155~165	68~76
MA	88~96	165~175	76~84
M청년 평균치	84	170	70
M고령자 평균치	91	165	85
LA	96~104	175~185	84~94
*청년19~25세, 고령자60~80세의 누드사이즈이므로 옷은 좀 더 커야 함 (봉제의 여유분)			

<3>소년용 단위: cm

사이즈	90	100	110	120	130	140	150	160	170
신장	85~95	95 ~105	105 ~115	115 ~125	125 ~135	135 ~145	145 ~155	155 ~165	165 ~175
가슴 둘레	45~51	49~55	53~59	57~63	61~67	65~72	70~78	76~84	82~90
몸통 둘레	45~51	47~53	49~55	51~57	53~59	54~62	58~66	62~70	66~74

<4>소녀용 단위: cm

사이즈	90	100	110	120	130	140	150	160	170
신장	85 ~95	95 ~105	105 ~115	115 ~125	125 ~135	135 ~145	145 ~155	155 ~165	165 ~175
가슴 둘레	45 ~51	49 ~55	53 ~59	57 ~63	61 ~67	64 ~72	70 ~78	76 ~84	82 ~90
몸통 둘레	43 ~49	45 ~51	47 ~53	49 ~55	51 ~57	53 ~59	56 ~63	58 ~66	61 ~69
허리 둘레	51 ~57	55 ~61	58 ~66	62 ~70	66 ~74	70 ~78	76 ~84	82 ~90	88 ~96

<5>유아용

사이즈	50	60	70	80	90	100
신장cm	50	60	70	80	90	100
체중kg	3	6	7	11	13	16

<STREET FASHION>---일본패션정보 입수를 위한 사이트

1. http://www.kyoritsu-wu.ac.jp/nyusi/street/
2. http://www.interq.or.jp/mars/banana/
3. http://www.style-arena.jp/
4. http://www.street-fashion.info/
5. http://www.apparel-web.com/trend/index.html
6. www.senken.co.jp---일본전체 브랜드 수록

<저자 PROFILE>

이름　: 정승일(鄭昇逸 CHUNG SUNG IL)
e-mail : etchung11@hanmail.net(한국)
　　　　chungsungil@yahoo.co.jp(일본)

<경력>

- 전日本岡橋(오카하시)商事 貿易部
- 전漢城実業 일본영업부 대리
- (초빙강사)
  한국능률협회, 한국생산성본부, 중앙대학교, 경북대학교 등
- 무역일보 국제부기자(출입처 : 산자부、KOTRA, 한국무역협회, 통일부, 문화관광부, 관광공사, 일본무역진흥회, 행자부,서울시청, 한국증권거래소, 중기청 등)
- 일본통신사 서울주재기자
  (일본출입처: 25개 지방자치단체, 각 대학 및 대학교 등)
- 한국섬유산업연합회(2000년 프리뷰인 서울 일본홍보담당)
  2002년 월드컵 서울시티투어 일본홍보 담당
- 현 한국무역협회 무역아카데미 교수
  <담당과목>국제마케팅 전략(일본), 무역 일본어
- 현 중기청 연수원 강사
  <담당과목>일본마케팅(일본시장 개척단)
- 현 서울산업통상진흥원(서울패션센터) 수출자문위원
- 현 (홍보담당)일본---동경공과대학교, 문화복장학원대학교
  캐나다---세인트메리대학교, 토론토대학교, 위니펙대학교
  두바이---두바이항공대학교
- 현 국제교류연구원장
- 현 서울종합예술학교 교수

<저서>

1. 무역일본어회화(한림출판사)
   ---국내최초 무역일본어 교본
2. 무역일본어 통신문(진명출판사)
   ---국내최초 무역일어통신문 교본
3. INTERVIEW日本語(進明)
   ---국내최초 일본어 면접대비 교본
4. 奇蹟의 日本語聽取(時事日本語社)
5. 비즈니스일본어회화(每日經濟新聞社 文庫 NO.58)
6. 일본비즈니스 성공비결 (삶과 꿈)
7. 신입사원의 기초지식(삶과 꿈)
8. 일본의 유통현장 100엔숍 (두남출판사)
   ---국내최초 일본100엔숍
9. 서비스이만큼만해라 (삶과 꿈)
10. 패션벨리 남동대문시장(경춘사)
    ---국내최초 남동대문시장 교본
11. 무역창업길라잡이 (두남)
12. 서울명소체험 (한림출판사)
    ---서울시청 관광홍보용 책자
13. 상담일본어(대학당)
14. 패션일본어(두남)
    ---국내최초 패션일본어 교본
16. 남동대문 패션무역(두남)
    ---국내최초 남동대문시장 창업교본
17. BUSINESS日本語(넥서스출판사)

기타、총21권

<감수자 PROFILE>

이름: 히라키 타카노리(平木孝典)
일본 토교 출신
한국외국어대학교 대학원 졸업(문학박사)
현 한국외국어대학교 교육대학원 일본어교육전공 교수